国家出版基金项目
NATIONAL PUBLICATION FOUNDATION

DRC

国务院发展研究中心研究丛书2022

陆 昊 主编

新发展格局与产业链提升战略

The New Development Pattern and Industrial Chain Upgrading Strategy

国务院发展研究中心产业经济研究部 著

中国发展出版社
CHINA DEVELOPMENT PRESS

图书在版编目（CIP）数据

新发展格局与产业链提升战略 / 国务院发展研究中心产业经济研究部著. — 北京：中国发展出版社，2023.7（2023.9重印）

ISBN 978-7-5177-1332-6

Ⅰ. ①新… Ⅱ. ①国… Ⅲ. ①产业链—供应链管理—研究—中国 Ⅳ. ①F269.23②F252.1

中国版本图书馆CIP数据核字（2022）第220157号

书　　名： 新发展格局与产业链提升战略
著作责任者： 国务院发展研究中心产业经济研究部
责 任 编 辑： 吴　佳　王海燕
出 版 发 行： 中国发展出版社
联 系 地 址： 北京经济技术开发区荣华中路22号亦城财富中心1号楼8层（100176）
标 准 书 号： ISBN 978-7-5177-1332-6
经　销　者： 各地新华书店
印　刷　者： 北京盛通印刷股份有限公司
开　　本： 710mm × 1000mm　1/16
印　　张： 15
字　　数： 200 千字
版　　次： 2023 年 7 月第 1 版
印　　次： 2023 年 9 月第 2 次印刷
定　　价： 66.00 元

联 系 电 话：（010）68990625　68360970
购 书 热 线：（010）68990682　68990686
网 络 订 购： http://zgfzcbs.tmall.com
网 购 电 话：（010）88333349　68990639
本 社 网 址： http://www.develpress.com
电 子 邮 件： 15210957065@163.com

DRC

2022

国务院发展研究中心研究丛书

“新发展格局与产业链提升战略”
课题组

课题顾问

隆国强　国务院发展研究中心副主任、党组成员

课题负责人

王金照　国务院发展研究中心产业经济研究部部长、研究员

课题协调人

李　燕　国务院发展研究中心产业经济研究部副部长、研究员
路　倩　国务院发展研究中心产业经济研究部二级主任科员

课题组成员

许召元　国务院发展研究中心产业经济研究部副部长、研究员
宋紫峰　国务院发展研究中心社会和文化发展研究部副部长、研究员
石耀东　国务院发展研究中心产业经济研究部一级巡视员、研究员
杨建龙　国务院发展研究中心产业经济研究部一级巡视员、研究员
钱平凡　国务院发展研究中心产业经济研究部一级调研员、研究员
周健奇　国务院发展研究中心企业研究所研究室主任、研究员
周　毅　国务院发展研究中心产业经济研究部研究室副主任
吕　斌　国务院发展研究中心产业经济研究部四级调研员、副研究员
庞超然　商务部国际贸易经济合作研究院副研究员
孙海尧　中国电子信息产业发展研究院副研究员
王　芳　中国科学院科技战略咨询研究院副研究员
郑亚莉　中国汽车工程学会国汽战略院战略规划部部长
陈　敏　中国汽车工程学会国汽战略院战略规划部研究员
祁　彦　上海市人民政府发展研究中心党组书记、主任

钱　智　上海市人民政府发展研究中心二级巡视员
吴也白　上海市人民政府发展研究中心经济发展处副处长
王斐然　上海市人民政府发展研究中心经济发展处四级主任科员
李斯林　上海市人民政府发展研究中心经济发展处实习生
熊世伟　上海市经济和信息化委员会处长、正高级经济师
王呵成　上海市经济和信息化发展研究中心产业推进部经济师
张志勇　滨州市人民政府副秘书长、滨州市人民政府研究室（市政府发展研究中心）党组书记、主任
陈　冰　滨州市人民政府研究室（市政府发展研究中心）党组成员、副主任
王　伟　滨州市人民政府研究室（市政府发展研究中心）研究二科科长
王富源　滨州市人民政府研究室（市政府发展研究中心）研究四科科长
窦慧慧　滨州市人民政府研究室（市政府发展研究中心）研究二科经济师
郭慧琳　滨州市人民政府研究室（市政府发展研究中心）研究四科科员
肖必良　东莞市工业和信息化局党组书记、局长
黄镜之　东莞市人民政府办公室政策信息科（政务公开科）科长
殷炀榜　东莞市人民政府办公室职能转变协调科（秘书三科）科长
邓博文　国家发展和改革委员会发展战略和规划司主任科员
付毕安　国家发展和改革委员会能源研究所助理研究员
常哲仁　江苏省社会科学院财贸研究所助理研究员
索　昊　中央财经大学博士研究生
孙　昊　中国人民大学博士研究生
孙凤飞　中国人民大学硕士研究生

总　序

党的二十大报告明确指出，从现在起，中国共产党的中心任务就是团结带领全国各族人民全面建成社会主义现代化强国、实现第二个百年奋斗目标，以中国式现代化全面推进中华民族伟大复兴。中国的现代化是人类历史上规模最大的现代化，也是难度最大的现代化，必须在深刻理解和准确把握中国式现代化的理论内涵和实践要求的基础上，通过深入研究，科学回答现代化新征程中的一系列理论和实践问题。

（一）

习近平总书记指出，“一个国家走向现代化，既要遵循现代化一般规律，更要符合本国实际，具有本国特色”。英国工业革命开启了世界现代化进程。尽管各国现代化的具体路径不同，但都遵循着人类文明进步的一般规律，也有一些共同特征。从一般规律看，成功推进现代化，必须建立符合人类进步方向、适应本国国情的社会制度；必须以科技进步为主要推动力，大力发展社会生产力；必须随着经济结构和社会结构的变化，创新国家治理和社会治理。从共同特征看，各国现代化都经历了以工业化为主要内容的经济结构转变，和以城市化为主要内容的社会结构变迁。中国式现代化既遵循了现代化的一般规律，也反映出各国现代化的共同特征。

中国式现代化更有基于自己国情的鲜明特色。习近平总书记指出，“中国式现代化是人口规模巨大、全体人民共同富裕、物质文明和精神文明相协调、人与自然和谐共生、走和平发展道路的现代化”。要把中国式现代化五个方面的中国特色变为成功实践，把鲜明特色变成独特优势，需要付出艰巨努力。

第一，我国人口规模超过现有发达国家的人口总和，中国式现代化是人类历史上前所未有的、最为波澜壮阔的现代化，也是难度最大的现代化。人口规模巨大，意味着市场潜在空间大、分工效应高，有助于形成规模经济优势和比较完整的产业体系；意味着中国的现代化将面临更强的资源环境约束，必须走资源节约、环境友好的发展道路；意味着中国的现代化将改写现代化的世界版图，深刻影响世界政治经济格局，处理好内外关系更具挑战性；意味着任何一个小问题都可能演变成为一个大问题，实现社会良好治理难度大。谋划和推进中国式现代化的各项工作，都需要把巨大的人口基数作为重要前提。

第二，全体人民共同富裕是中国式现代化的本质特征，也是区别于西方现代化的显著标志。党的十八大以来，我们在促进共同富裕方面取得了显著成效。同时要看到，城乡区域发展差距和收入差距依然较大，与人民群众对共同富裕的期盼有距离，要自觉主动地解决城乡差距、地区差距和收入差距的问题。要在继续做好做大“蛋糕”的同时，进一步分好“蛋糕”，初次分配、再分配、第三次分配协同发力，努力提高居民收入在国民收入分配中的比重，努力提高劳动报酬在初次分配中的比重，着力解决好民生问题，让现代化建设成果更多更公平惠及全体人民。同时，要充分认识到，我国仍然处于并将长期处于社会主义初级阶段，实现全体人民共同富裕是一个长期过程，必须有足够的历史耐心；要按照经济社会发展规律循序渐进，不断地、逐渐地解决好共同富裕问题。

第三，既要物质富足、也要精神富有，是中国式现代化的崇高追求。西方国家的现代化往往伴随着信仰缺失、精神贫乏、物欲横流等问题，我国要坚决避免出现类似问题。还要看到，迈上现代化新征程，人民精神文化需求将持续增长，也会呈现越来越多元化的局面。推进中国式现代化，要推动物质文明和精神文明相互协调、相互促进，加强理想信念教育，培育和弘扬社会主义核心价值观，建设全体人民共同享有的精神家园，让全体人民始终拥有团结奋斗的思想基础、开拓进取的主动精神、健康向上的价值追求。

第四，尊重自然、顺应自然、保护自然，促进人与自然和谐共生，是中国式现代化的鲜明特点。西方国家的现代化大都经历了对自然资源肆意掠夺和生态环境恶性破坏的阶段，在创造巨大物质财富的同时，往往造成环境污染、资源枯竭等严重问题。我国人均资源禀赋严重不足，现代化所处的时代背景、历史阶段与西方国家快速推进现代化时显著不同，推进现代化面临更强烈、更严格的能源资源和环境约束，不可能走西方国家的老路，必须走出一条永续发展的新路，必须加快形成绿色低碳的产业结构、生产方式、生活方式，在守住底线、节约集约、多目标平衡下促进高质量发展。

第五，在坚定维护世界和平与发展中谋求自身发展，又以自身发展更好维护世界和平与发展，是中国式现代化的突出特征。中国是社会主义国家，决不可能走一些国家通过战争、殖民、掠夺等方式实现现代化的老路。当今世界，恃强凌弱、巧取豪夺、零和博弈等霸权行径危害深重，世界又一次站在历史的十字路口。还要看到，作为人口大国，中国的现代化将深刻影响世界政治经济格局，会受到一些国家的打压、遏制。我们要坚定站在历史正确的一边，高举和平、发展、合作、共赢旗帜，以中国新发展为世界提供新机遇，推动全球治理朝着更加公正合理的方向发展，促进各国共同走和平发展道路。

（二）

新征程上推进中国式现代化已经具备显著优势。新时代十年，在以习近平同志为核心的党中央坚强领导下，我们推动中国式现代化又向前迈进了一大步，在全球竞争中创造了竞争新优势：规模经济优势突出，能够为不同技术创新路线、商业创新模式提供足够赛道和空间；制造业系统性优势突出，能大规模标准化生产，又能快速响应个性化需求；科技创新能力不断增强，人才基础、创新主体、新兴产业、新型举国体制等优势正在聚合释放；经济深度融入世界经济体系，“世界工厂”的地位日益巩固，“世界市场”的重要性不断提升；人力资本质量红利显现，资本丰裕度明显改善，要素禀赋优势实现动态升级；新型城镇化和消费结构升级持续推进，总需求较快释放和升级。利用好、巩固好、发展好这些新优势，既是经济基本面长期向好的重要支撑，也是解决当前经济问题的重要基础，更是实现现代化目标的重要保障。

习近平总书记指出，“推进中国式现代化，是一项前无古人的开创性事业，必然会遇到各种可以预料和难以预料的风险挑战、艰难险阻甚至惊涛骇浪”。要清醒地认识到，当今世界百年未有之大变局加速演进，逆全球化思潮抬头，局部冲突和动荡频发，世界进入新的动荡变革期。我国改革发展稳定面临不少深层次矛盾躲不开、绕不过，来自外部的打压遏制随时可能升级。我国发展进入战略机遇和风险挑战并存、不确定难预料因素增多的时期，各种“黑天鹅”“灰犀牛”事件随时可能发生。

应对这些风险挑战，必须全面落实习近平总书记在2023年2月7日学习贯彻党的二十大精神研讨班开班式上的重要讲话精神，正确处理好顶层设计与实践探索、战略与策略、守正与创新、效率与公平、活力与秩序、自立自强与对外开放等重大关系。处理这六对关系，角度不完全一样，需要把握的重点、难点也不完全一样。处理前三对关系，主要靠我们自己的积累和把握；处理后三对关系，要注重学习借鉴国外现代化的经验教训，不断深化对现代化规律的认识，不断提高应对各种风险挑战的能力。

处理顶层设计与实践探索的关系，要根据现代化总体安排和分阶段、分领域的发展目标，设计好总体战略和各项分战略；要根据时和势的变化，勇于探索未知领域，提出新思路新办法，创造新鲜经验。

处理战略与策略的关系，要着眼于解决事关党和国家事业兴衰成败、牵一发而动全身的重大问题，谋划战略目标、制定战略举措，为中国式现代化提供强大的战略支撑；要适应新情况、新变化，把战略的原则性和策略的灵活性结合起来，因地制宜、因势而动、顺势而为。

处理守正与创新的关系，要毫不动摇坚持中国式现代化的中国特色、本质要求和重大原则，确保中国式现代化的正确方向；要顺应时代发展要求，积极识变应变求变，大力推进各方面创新，不断开辟发展新领域。

处理效率与公平的关系，要更好实现效率与公平相兼顾、相促进、相统一。既要提高效率又要实现公平，是一大世界性难题。处理得不好，要么损失效率，要么带来严重社会问题。在创造更高效率的同时，更好地维护社会公平，要坚持“两个毫不动摇”，把社会主义制度和市场经济更好有机结合起来，既要发挥市场经济的长处，又要发挥社会主义制度的优越性；要防止社会阶层固化，畅通向上流动通道，扎实推进共同富裕取得更为明显的实质性进展。

处理活力与秩序的关系，要实现活而不乱、活而有序的动态平衡。要深化各方面体制机制改革，充分释放全社会创新创造潜能；要适应人民群众在民主、法治、公平、正义等方面日益增长的需求，发展全过程人民民主，完善社会治理体系；要统筹发展和安全，贯彻总体国家安全观，健全国家安全体系。

处理自立自强与对外开放的关系，要加快构建以国内大循环为主体、国内国际双循环相互促进的新发展格局。在经济全球化背景下，任何一个国家的发展都离不开外部资源和外部市场，必须利用好国际循环。但是，大国和小国对国际市场的依赖程度不一样，小国发展可以依赖国际市场；大国发展必须立足自身，历来都以内循环为主体，而且随着经济规模的扩大，内循环越来越重要。2022年，新加坡进出口总额相当于国内生产总值的330.0%，而美国仅为27.4%。我国是人口大国，目前已是世界第二大经济体，未来发展要在扩大高水平对外开放、更好利用国际循环的同时，必须更多依靠国内大循环、增强内循环的内生动力和可靠性，必须提高产业链供应链韧性和安全水平，必须提高科技自立自强水平，把国家和民族发展放在自己力量的基点上。

应对这些风险挑战，还必须坚持系统观念和底线思维，充分发挥高端智库作用，加强理论研究和实践探索，做好政策和方案储备，及时破解前进道路上的各种难题，化解前进道路上的各种风险挑战。

（三）

近年来，国务院发展研究中心坚持运用习近平新时代中国特色社会主义思想的立场、观点和方法，围绕推进中国式现代化，开展了相关研究，形成了系列成果，可为探索现代化具体路径和破解现代化建设难题提供有价值的参考。

推进中国式现代化，必须把宏伟蓝图变成可执行的时间表、路线图。党的十九大和二十大擘画了建设社会主义现代化国家的宏伟蓝图，指明了现代化建设的方向。现代化的内涵随着技术的进步而不断拓展，现代化的路径因时代背景和发展所处阶段的不同而不同。我国现代化新征程恰逢新一轮科技革命和产业变革方兴未艾，又面临世界进入新的动荡变革期，现代化具有难得机遇，但也不会一马平川。把党中央的决策部署落到实处，需要通过深入研究，进一步明晰现代化的内涵，细化现代化的目标、任务和路径。《基本实现社会主义现代化：机遇挑战和战略路径》提出现代化是人类进入工业社会以来在科学技术推动的引领下，一个国家的经济、社会、文化、国家治理等领域由低级形态向高级形态演变的过程；认为新一轮科技革命和产业变革是新阶段现代化的最大机遇，超大规模经济及与之相适应的治理体系是新阶段现代化最重要的基础；明确发展知识技术密集型产业是新阶段经济结构升级的重大任务，在此基础上细化了基本实现现代化的目标任务，提出了基本实现现代化的战略路径和相关对策建议。

推进中国式现代化，必须加快农业农村现代化。农业现代化与农村现代化有其各自的规律，但两者之间又有相互依存、相互促进的逻辑关联。农业和农村在地理空间上交叉分布，在发展所需的基础设施上可高度共享，在发展所需的投入要素上有共同需求，在生态环境上会相互带来正外部效应或负外部效应。推进农业农村现代化，一方面应遵循农业现代化与农村现代化各自的规律采取针对性举措；另一方面也应从农业现代化与农村现代化既各有其规律又相互关联的情况出发，坚持一体设计、一并推进。《迈向农业强国：农业农村现代化一体设计、一并推进》着重分析了农业现代化和农村现代化的耦合性，提出要围绕空间、基础设施、生态环境、产业、人口等耦合点做好统筹谋划、系统布局、协同推进，为两者协调发展创造共同的基础条件、做好并行保障，建立健全两者相互促进的有效机制。

推进中国式现代化，必须提升产业链供应链的稳定性和竞争力。产业链供应链的稳定性和竞争力是国民经济循环稳定畅通和国家安全发展的重要基础，对建设现代化经济体系、构建新发展格局具有重要意义。在新一轮科技革命和产业变革深入发展、保护主义明显抬头、大国博弈愈演愈烈等因素影响下，国际产业链供应链加速调整、分化和重组，我国产业链供应链必须加快提升。《新发展格局与产业链提升战略》围绕畅通国民经济循环、构建新发展格局的需要，提出要实施产业基础再造和产业链提升工程，加快推进“强基础”“补短板”“锻长板”“提水平”“促升级”，着力提高关键领域自主可控能力、优势领域全球引领能力和战略性新兴领域产业链综合能力，打造安全可控、开放包容、韧性高效的产业链体系。

推进中国式现代化，必须实现高水平科技自立自强。科技是第一生产力，是全面建设社会主义现代化国家的基础性、战略性支撑，是国家强盛之基、安全之要。在美西方对我进行全方位围堵的背景下，实现科技自立自强显得尤为紧迫和重要。当前，我国科技自立自强水平的提高还面临不少体制机制障碍，不能适应市场经济条件下科技创新的新要求，各方科技力量缺乏有效协同，对人才和企业等关键创新要素的不合理束缚仍然较多，成果应用转化的支撑体系尚不健全。《科技自立自强：体制与政策》提出构建定位清晰、协同合作的科研组织体系，完善满足国家使命和产业发展需要的政策机制，建立符合科研规律和充分调动各方力量的支持新机制等，形成符合科研规律、有效满足国家需求、开放和有活力的科技创新体制。

推进中国式现代化，必须做大做强国内市场，特别是扩大国内消费需求。进入新发展阶段，以消费为主导的内需应逐渐成为我国经济最根本的发展动力，这是构建安全可控、富有韧性的经济体系的重要基础。当前，有效扩大内需和更好满足内需依然存在难点堵点和体制机制障碍，需要建立供求适配和互动互促的体制机制，以形成供需更高水平的动态平衡。《转向消费驱动》提出要加快构建以“全领域覆盖、全周期管理、全环节贯通、全要素支撑”为主要特征的完整内需体系，推动形成“高效匹配、强力激发、加速创新、有序转型”的内需发展新机制，深化供给侧结构性改革，强化消费促进政策和制度改革创新，做到供需双侧发力，进一步夯实有效扩大和更好满足内需的制度基础，为推动高质量发展提供强大内生动力。

推进中国式现代化，必须大力发展平台经济。经济平台化是数字时代最突出的商业变革之一。美国前国务卿基辛格等学者研究指出，人工智能技术驱动的平台经济已成为大国博弈的前线。大型数字平台企业一边吸引商户入驻平台，另一边吸引用户入驻平台，具有技术创新快、网络效应强、规模经济突出、动态竞争激烈等突出特点，很容易形成“赢者通吃”“一家独大”的市场格局，除了挑战既有的市场准入、反垄断、消费者保护等制度外，还带来了数字治理、网络安全和数据安全等领域的难题。《数字平台的发展与治理》针对社会上广泛关注的平台经济发展放缓、创新能力不足、国际竞争力下降等担忧，以及平台垄断、滥用市场支配地位、从业主体权益保护乏力等议题，提出了有效防范负外部性、促进数字平台良性发展、实现数字平台良好治理的思路和建议。

推进中国式现代化，必须有序推进人民币国际化。国际金融危机以来，人民币的国际货币职能逐步拓展深化，目前已成为全球第三大贸易融资货币，可以顺势而为积极稳妥提高人民币国际化水平。需要看到，人民币国际化有利有弊。货币国际化达到一定程度后，财政货币政策空间都能得到扩展，应对金融风险的能力会提升，但也可能带来银行、资产泡沫和汇率波动等风险。《国际货币体系演进与人民币国际化》在深入分析国际货币体系演进规律的基础上，围绕人民币国际化及其基础设施的现状、人民币国际环流和离岸市场发展等展开了深入研究，提出推进人民币国际化，要加快推进相关改革和政策，重点完善支撑人民币国际化的基础设施，引导和构建人民币环流机制，强化区域金融合作，完善人民币国际化的制度性保障，防范人民币国际化中的金融风险。

推进中国式现代化，必须加快实现绿色转型。力争2030年前实现碳达峰、2060年前实现碳中和，是推动高质量发展的内在要求。我国是世界上最大的发展中国家，在全面建设社会主义现代化国家新征程中实现碳达峰碳中和，关键是要处理好发展与减排的关系。实现“双碳”目标是一项系统工程，涉及生产方式、生活方式和空间格局等的转变，必须运用系统思维从根本上推动发展方式绿色转型。《绿色低碳转型》从“处理好发展与减排的关系”视角出发，遵循提高资源利用效率和抢占绿色产业新赛道并举的战略思路，重点研究了面向碳达峰碳中和的总体路径和关键举措，强调要加快完善激励约束机制，用好政府和市场“两只手”尽快建立健全碳排放核算核查制度、法律法规、标准规范及政府监管等基础性制度，补齐治理能力短板。

推进中国式现代化，必须建设健康中国。人民健康是民族昌盛和国家强盛的重要标志，也是中国式现代化的重要目标。由于全生命周期中不同年龄阶段的人面临不同的健康问题，针对不同年龄阶段的健康政策也应有所不同。同时，随着工业化、信息化、城镇化、全球化的推进，以及生产和生活方式的变化，影响人们身心健康的因素越来越多。建设健康中国，一方面要关注不同年龄阶段人群的健康需要，另一方面必须把健康融入所有公共政策。《健康中国：全生命周期视角》从人的生育、托幼、教育、就业、养老、临终关怀等全过程健康管理的需要出发，提出了通过全人群融入、全生命周期融入、全方位融入、全政策链条融入，将健康融入经济社会环境等各方面公共政策的具体建议。

推进中国式现代化是一项系统工程、长期任务，尚有不少深层次问题需要深化研究，在推进现代化的进程中还会出现新的问题和矛盾需要研究破解。国务院发展研究中心是直接服务于党中央、国务院的高端智库。我们将以习近平新时代中国特色社会主义思想为指导，深刻领悟“两个确立”的决定性意义，坚决做到“两个维护”，按照习近平总书记关于建设中国特色新型智库的重要指示精神，探索和创新适应新时代新征程需要的决策咨询机构组织形式和管理方式，不断增强综合研判和战略谋划能力，不断提升为中央决策咨询服务水平。同时，在充分全面准确领悟党中央精神的基础上，不断夯实基本理论训练和真实情况掌握这两项基本功，加快建设合作开放研究平台，深入开展现代化进程中的高质量发展的质量动力效率变革、站在高收入国家门槛上的中国、构建新发展格局、扎实推进共同富裕、促进人口高质量发展、深化社会主义市场经济体制改革等重大课题研究，不断推出高水平决策咨询成果，为推进中国式现代化作出应有贡献。

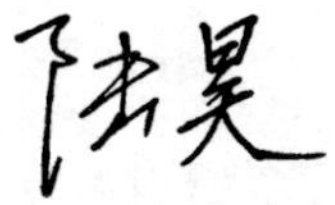

国务院发展研究中心主任、党组书记

摘要

产业链供应链的稳定性和竞争力是国民经济循环稳定畅通和国家产业竞争力的重要基础。在新一轮工业革命、保护主义和大国博弈等因素影响下，国际产业链供应链加速调整、分化、重构的趋势日益明显。实施产业链提升战略，发挥新型举国体制和超大规模市场优势，增强关键环节自主可控能力，提升产业链供应链稳定性和竞争力，对维护国家经济安全、建设现代化经济体系、构建新发展格局具有重要意义。

我国产业链供应链发展水平稳步提升，但仍存在“三个不均衡”。一是重点行业发展不均衡，部分优势领域已具备较强的国际竞争力，也有一些领域稳定性和竞争力处于较低水平。二是产业链不同环节差异显著，整机和终端制造能力较强，但关键材料、核心技术、关键零部件等对外依赖度仍然较高，存在被“卡脖子”风险。三是企业发展水平不均衡，优势领域呈现龙头企业群体性崛起态势，但多数领域企业实力与国际领先企业仍存在较大差距，特别是上游零部件、核心设备企业实力弱，隐形（单项）冠军发展不充分。

提升产业链供应链稳定性和竞争力，需要深刻理解产业链供应链稳定性和竞争力内在逻辑上的统一性。重点把握“六个要点”，即产业链核心技术能力是基石，产业链关键环节的掌控力和配套水平是关键，产业链供应链的效率和组织协调能力是保障，数字化、绿色化是提升竞争力的新方向，产业链供应链核心企业的能力是“压舱石”，产业价值链的创造和分配能力是结果。

提升产业链供应链稳定性和竞争力，需要以新发展格局为战略引领，准确深刻把握新发展格局的内涵、本质特征和目标要求，同时通过产业链供应链稳定性和竞争力的提升来加快构建新发展格局。重点把握“五个关键”：一是牢牢把握实现高水平自立自强这个最本质的特征，进一步强化创新引领作用；二是紧紧抓住畅通国民经济循环这个关键所在，以高质量供给引领和创造新需求；三是坚持以强大的国内经济体系为支撑，把准扩大内需这个战略基点；四是坚持以国际循环提升国内大循环效率和水平，打造参与国际合作竞争新优势；五是坚持统筹发展和安全，牢牢守住产业链安全底线。

坚持“一统一、三结合”的指导方针：保持产业链稳定性和提升产业链竞争力的内在有机统一，在促进全产业链优化升级中实现稳定性和竞争力的双提升；坚持自主发展与开放合作相结合，在有效平衡自主性和经济性中提高安全发展能力和竞争力；坚持政府作用和市场力量相结合，在发挥市场在资源配置中的决定性作用和更好发挥政府作用中调动各方面积极性；坚持强化内循环主体作用和双循环相互促进作用相结合，通过“以内促外”和“以外强内”实现产业链水平的新提升。

推进“两步走”的战略目标：到“十四五”末期，产业基础研究和创新支撑体系逐步健全完善，重点领域自主可控的技术体系和产业体系基本建成，核心关键技术受制于人的状况得到有效缓解，产业链供应链数字化、低碳化转型和价值链升级取得显著成效；到2035年，全面实现产业基础高级化和产业链现代化，参与国际合作竞争的新优势显著增强，我国成为世界制造强国和重要的产业创新策源地。

重点实施“六大路径”：以完善创新生态系统和实现高水平自立自强

为根本特征的创新驱动路径；以推动能源结构转型和打造绿色供应链为重点的绿色低碳发展路径；以发展数字化供应链为主要方向的质效提升路径；以推动制造和服务深度融合为主线的产业价值链升级路径；以龙头企业领航，大中小企业、产业链上下游企业协同化、生态化、集群化发展的产业组织优化路径；以优化产业链供应链国内外布局为重点的协调发展、开放发展路径。

采取"七项措施"：建设基础雄厚、开放协同的创新生态系统；构建精准的产业政策体系；构建安全的供应链管理体系；进一步调动市场主体积极性；建立健全培养和激励科技人才政策；完善高效协同的现代金融体系；加强国际产业链供应链和科技合作。

目　录

总报告

专题篇

专题报告一

专题报告二

专题报告三

专题报告四

行业篇

行业报告一

行业报告二

行业报告三

行业报告四

行业报告五

新发展格局与产业链提升战略

产业链供应链的稳定性和竞争力是国民经济循环稳定畅通和国家产业竞争力的重要基础。在新一轮工业革命、保护主义和大国博弈等因素影响下，国际产业链供应链加速调整、分化、重构的趋势日益明显。实施产业链提升战略，发挥新型举国体制和超大规模市场优势，增强关键环节自主可控能力，提升产业链供应链稳定性和竞争力，对维护国家经济安全、建设现代化经济体系、构建新发展格局具有重要意义。

一、全球产业链供应链加速调整重构，为我国带来挑战的同时也带来机遇

当今世界正经历百年未有之大变局，我国发展的外部环境正面临深刻调整。从产业链供应链的视角看，在新一轮工业革命、保护主义和大国博弈等影响下，国际产业链已进入新一轮加速调整和重构期，主要表现为产业链创新性显著增强，国际产业链分工布局加快调整，区域化、本土化甚至并行化的产业链有望加速形成。我国制造业须抓住机遇，努力增强产业链供应链稳定性和竞争力，争取在新一轮全球产业链重构中争取有利的位势。

一是新一轮工业革命加速了产业链创新，数字化、绿色化、融合化成

为国际产业链发展的新特征。

新一代信息技术与制造业深度融合带动产业链数字化转型提速。2016—2020年，戴尔科技集团每两年进行一次对18个国家和地区4300家企业管理者的调查，该调查将企业数字化进程分为数字化领导者、数字化实践者、数字化评估者、数字化追随者和数字化后进者5个阶段。2020年的调查结果显示，数字化实践者的比例从4年前的14%提高到了39%，而数字化后进者的比例从15%降至3%。这表明各行各业均加快了实施数字化转型的步伐。事实证明，在这次应对新冠疫情冲击过程中，那些数字化转型起步较早、成熟度较高的企业，往往表现出更强的韧性和抗风险能力。预计疫后这类数字化企业以及它们所打造的数字化供应链将成为主流模式。产业链供应链数字化带来一系列深远的影响，劳动力成本的优势在国际产业链分工中仍然存在，但优势不再像以前那么突出了，发达国家可凭借智能制造、3D打印等数字化生产方式对冲劳动力成本的劣势，并加快生产制造本地化的进程。全球价值链将进一步向着拥有核心技术、研发设计能力等知识型资本和人才优势的发达国家，以及具有数字化关键资源配置能力的跨国公司、平台型企业集中。数字化正在成为重塑全球产业链供应链的新动力。

新能源、绿色低碳技术的应用和迈向碳中和的国际共识加速了全球产业链向着绿色低碳方向重构。目前全球已有130多个国家和地区相继提出了21世纪的碳中和目标承诺，并出台政策促进绿色低碳转型。2023年5月欧盟理事会正式通过了碳边境调节机制（CBAM），将于2023年10月开始试运行，2026年将正式开始实行碳关税；主要跨国公司相继提出了零碳供应链的时间表，预计绿色低碳将成为国际竞争的新标签、进入领先企业供应链的新壁垒，也必将成为国际贸易的新规则。

新一代信息网络技术加速推动了制造与服务融合，带动了价值链的延伸、拓展和重构。基于工业互联网，目前家电、服装、家具等行业已普遍推广个性化定制服务；工程机械、电力设备制造等行业积极开展全生命周期管理、远程诊断、在线运维等服务。全球主要行业龙头企业均已转型为服务型制造提供商。制造与服务的深度融合为制造业转型和价值链升级提供了重要机遇，围绕制造业核心产品延伸服务将拓展制造业竞争的新边界。

二是保护主义和大国博弈改变了国际产业链布局的逻辑，全球化、一体化的分工布局向着并行化、多元化、自主化的方向分化。

贸易摩擦构筑起的高关税壁垒在一定程度上加速了跨国公司主导的产业链全球布局重构。中美贸易摩擦以来，很多以美国为主要出口市场的跨国公司被迫重新调整基于中国制造基地的投资定位，转为服务本地或出口其他非美市场。科技战使得关键产业链布局从全球化、一体化转向多元化、并行化。一方面，美对华科技断供使得目标市场是中国市场或中国龙头企业的供应链企业，在选择合作伙伴时，不得不从原来的效率第一原则，转向效率优先，兼顾安全性和可替代性，这也推动了中国关键供应链的“去美国化”；另一方面，在美所谓摆脱关键供应链对华过度依赖的逻辑下，美国也在积极打造“去中国化”的供应链。尽管高科技产业链的两套标准、两套体系不是我们所期望的，但在涉及国家安全的特定领域，保持关键产业链的备份是十分必要的。大国竞争博弈使得半导体等高度国际化和全球分工协作的产业链布局正在被主要国家和地区“自主化”的产业链布局所打破。随着主要大国围绕半导体等关键产业链的竞争博弈日益加剧，多年来形成的开放、流动的全球半导体产业链未来可能走向各自为战。例如，美国通过《芯片与科学法》，将提供527亿美元的研发制造补贴以及240亿美元的投资税减免，吸引全球芯片企业在美投资，力图重建基于本土的半导体产业链。欧盟批准430亿欧元的《芯片法》，旨在把欧盟芯片产能全球占比从10%提升到20%。韩国计划未来

10年内斥资约4500亿美元建设全球最大的芯片制造基地。日本也计划在未来数年向参与赴日建厂的海外芯片厂商提供数千亿日元的资金。

三是新冠疫情一度凸显了国际产业链的脆弱性，对安全和韧性前所未有的重视推动国际产业链向本地化、区域化、分散化发展。

关系国计民生、国家安全的关键产业链和产业链关键环节正在回归本土。例如日本政府2020年7月公布的首批接受补贴迁回本土的企业中，有很多是公共卫生、航空和汽车零部件、化肥、医药等关键产业链生产商。围绕重点区域的产业链供应链合作进一步深化。后疫情时代，跨国公司为了兼顾供应链安全、韧性和经济效率，将更倾向于将产能和产品组合重新分散到接近目标市场、潜力更大且更具成本优势的区域，并实施近地采购的策略。围绕北美、亚洲、欧洲几大区域性中心市场有望形成深化合作的区域产业链和产业集群。《美墨加协定》（USMCA）、《区域全面经济伙伴关系协定》（RCEP）等区域性贸易投资协定则为深化产业链区域合作提供了制度基础。跨国公司产业链布局将在集中与分散间寻求新的安全平衡，即在“不把鸡蛋放在同一个篮子里”的同时，将产能向成本和效率最优的地区集中。

国际产业链调整重构对我国的影响总体上“危”“机”并存。

一是新工业革命引发的国际产业链创新发展为我国产业链优化升级带来重要历史性机遇。我国正处于传统要素比较优势日渐削弱、基于创新和人力资本的新比较优势加速形成的阶段，面临着产业创新能力不强、产业链发展水平不高、绿色可持续发展压力大等诸多挑战。抓住新工业革命背景下产业链数字化、绿色化、服务化转型的机遇，大力推进产业质量变革、效率变革和动力变革，有利于提升产业链现代化水平，构筑系统性竞争优势。

二是美国通过贸易摩擦和科技遏制打压人为推动的国际产业链重构在一定程度上加剧了我国产业链外迁、分化甚至被孤立的风险。过去10年来，受综合成本上升影响，我国纺织服装等部分出口量大的劳动密集型产业或成本敏感型环节，已出现较多向东南亚等地区转移的情况。2018 年美对华贸易摩擦和大规模加征关税进一步加剧了我国境内以美国为重要出口市场的产业链分流。与此同时，美国针对我国高科技领域推动的多边出口管制、投资限制、龙头企业断供、规则排斥、科研教育人文交流阻断等脱钩措施，加剧了我国关键供应链断链和被全球价值链孤立的风险。

三是基于疫情安全冲击的国际产业链区域化、本地化调整很可能削弱我国作为全球制造业重要出口基地的地位，我国参与全球价值链的方式也将因此发生改变。后疫情时代，伴随着国际产业链向北美、欧洲、亚洲等若干重点区域进一步集中，区域产业链和产业集群之间的竞争将更为激烈，在区域自由贸易协定的助力下，区域内成员国之间出口更具成本优势。从长远来看，我国工业制成品全球出口份额普遍居高的局面可能难以持续。应对全球产业链供应链变革调整的趋势，关键在于办好自己的事情，一方面，着力增强产业链供应链稳定性和竞争力，增强国家综合实力和抵御风险的能力；另一方面，积极主动参与全球产业链重构，以高质量的内循环带动国内国际双循环相互促进，增强在全球产业竞争格局中的优势地位、控制力和影响力。

二、开启全面建设社会主义现代化国家新征程，对提升我国产业链供应链稳定性和竞争力提出新要求

（一）提升产业链供应链稳定性和竞争力事关现代化建设全局

“十四五”规划开启了我国全面建设社会主义现代化国家新的发展阶段，必须更加突出实体经济在国民经济中的重要地位，加快发展现代产业体系，巩固壮大实体经济根基。必须以推动高质量发展为主题，全面

贯彻新发展理念，加快构建以国内大循环为主体、国内国际双循环相互促进的新发展格局，努力实现更高质量、更有效率、更公平、更可持续、更安全的发展。产业链供应链的稳定性和竞争力情况，决定着实体经济发展的整体素质和竞争力状况，是从根本上维护国家经济安全，提升发展质量和效益，增强国际竞争力的重要保证。

筑牢现代化的安全底座，需要更加强调统筹发展与安全，增强产业链供应链的自主可控能力。在我国近乎压缩式的工业化发展进程中，遗留了很多基础能力的短板问题亟待解决。特别是核心技术、关键材料、基础核心零部件、关键设备等自主可控问题，已成为影响安全发展和高质量现代化的重要制约。只有统筹发展与安全，增强产业链关键环节的自主可控能力，筑牢现代化的安全底座，才能从根本上将发展的主动权牢牢把握在自己手中。

巩固和壮大现代化经济体系，需要更加强调提升产业链供应链稳定性，保持制造业比重基本稳定。习近平总书记强调，不论经济发展到什么时候，实体经济都是我国经济发展、在国际经济竞争中赢得主动的根基①。从大国到强国，实体经济发展至关重要，任何时候都不能脱实向虚②。面对综合成本上升导致的产业链外迁压力和结构调整压力，如何在推动传统产业链优化升级，提升其根植性、稳定性和竞争力的同时，加快培育壮大新兴产业链，使之成为引领未来的支柱产业，决定了我国现代化经济体系的根基能否稳固和持续壮大。

推动高质量的现代化，需要更加强调提升产业链供应链竞争力，构筑国际竞争新优势。过去我国制造业的优势主要来自产业规模、成本经济性等所形成的综合效率优势。随着比较优势的动态转换，传统优势日渐削弱，需要我们培育新的竞争优势。一是进一步提高产业链供应链效率，主

① 《总书记两会声音》，《人民日报》，2017年3月15日。

② 《防止脱实向虚，习近平再次为实体经济撑腰》，《人民日报》，2018年10月23日。

要是将优势制造能力与数字化相结合，进一步提高全要素生产率；二是增强产业链创新能力，通过加大研发和人力资本投入提升产业技术水平，向价值链高端攀升；三是构筑产业链系统性优势，在强化整机和终端优势的同时，加快补齐产业链上游关键短板，形成上下游融通发展的系统性竞争优势。这些新的竞争优势的形成将为高质量的现代化建设提供有力的支撑。

（二）准确把握我国产业链供应链稳定性和竞争力的现状

1. 产业链供应链稳定性和竞争力的概念内涵

产业链供应链稳定性一般是指产业链供应链在遭遇自然灾害、主观人为因素等引发的严重外部冲击或发展环境重大变迁时表现出的抗风险能力和安全稳定运行状态，突出表现在产业链关键配套环节供应的稳定程度以及国际供应链的协调稳定供货能力。产业链供应链竞争力是指围绕最终产品在国际市场上的竞争力，产业链各环节在生产能力、技术水平、供应链效率、专业化分工协作水平等方面显现出的综合能力（见表1）。

表1 产业链供应链稳定性和竞争力的理论研究综述

	主要观点	来源
稳定性	预防自然灾害等“意外冲击”	麦肯锡（2020）、Pisch（2020）等
	预防产业链断裂等“最坏冲击”	Pisch（2020）等
	识别本国产业被影响的“风险点”	Henry Jackson（2020）、美国商务部（2021）、欧洲议会智库（2021）等
竞争力	来源于由比较优势定义的成本	亚当·斯密（绝对优势）、李嘉图（比较优势）
	来源于由自然禀赋代表的成本	俄林、赫克歇尔（要素禀赋论、H-O理论）
	来源于产业发展集群情况	波特（竞争优势理论）、克鲁格曼（战略性贸易理论）
	来源于有竞争力的企业	Melitz（异质性理论）、Grossman等（任务贸易理论）

资料来源：课题组整理。

2.美国和欧盟关于产业链供应链评估方法

（1）美国

美国国防部曾选取飞机、航空器等 9 个传统领域和制造业网络安全等 7 个新兴领域，开展了关键产品和技术供应风险的评估。根据制造业基础能力和产能下降、竞争国的产业政策等 5 个宏观影响变量，以及供应唯一来源等 9 个风险类型，识别出 300 多种关于产品的稳定性不足风险（见图 1）。

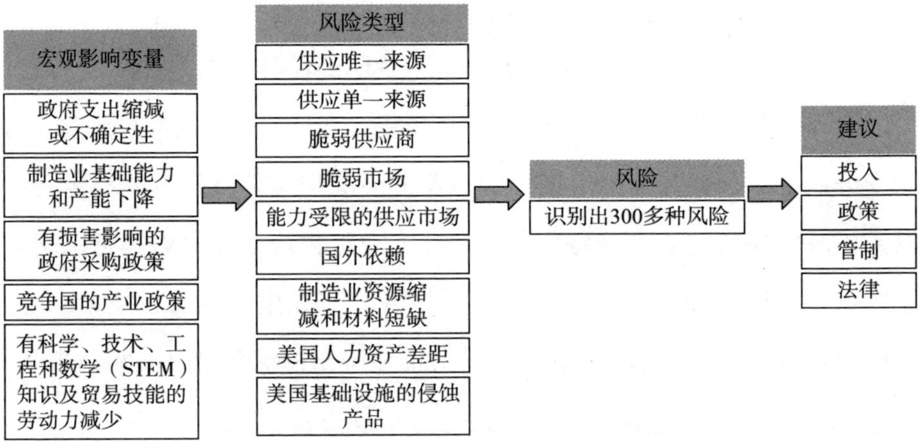

图1　美国国防部关键产品和技术供应风险评估

资料来源：美国国防部网站。

（2）欧盟

欧盟委员会从进口集中度、生产可替代性的角度评估主要供应链风险（见图 2）。首先寻找进口集中度较高的产品，其次区分盟内盟外贸易比重，最后考虑盟内生产替代问题。结果表明，中国占最依赖外国的产品进口总值的 52% 左右。在最依赖外国的产品中，原材料占 16%，中间产品占 57%，终端产品占 27%。

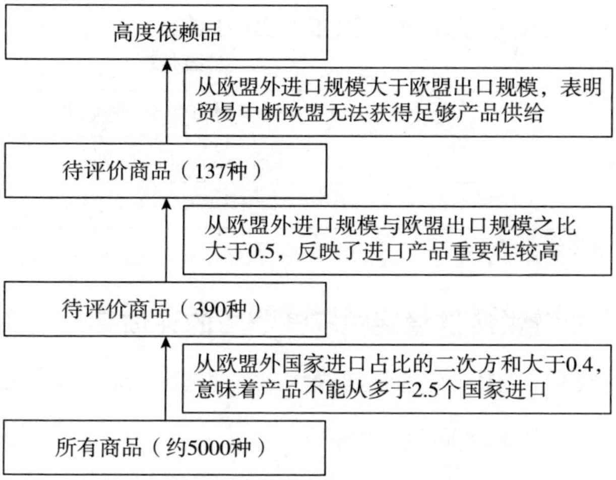

图2　欧盟委员会主要供应链风险评估

资料来源：欧盟委员会网站。

3.分析框架和分析方法

从产业链供应链安全稳定和竞争力的概念内涵出发，结合我国产业链供应链面临的安全风险，形成了 5 个一级指标、13 个二级指标的评价体系（见表 2）。按照将产业链供应链“打开”的思路，围绕重点产业关键产品上中下游、产供销体系及相互联系深入分析稳定性和竞争力问题。

表2　　产业链供应链稳定性和竞争力分析框架

一级指标	二级指标
安全可控	产业链国内配套完整性
	关键环节对外依存度
	关键环节对美单一依赖程度
外迁风险	产业链成规模外迁趋势
	外迁的原因
发展水平	长板环节及主要技术水平比较
	短板环节及主要技术水平差距
终端产品国际竞争力	产业规模全球占比
	终端产品出口国际市场占有率
	产品显示性比较优势

续表

一级指标	二级指标
核心企业国际竞争力	进入《财富》500强数量
	进入品牌500强数量
	“隐形冠军”企业情况

资料来源：课题组自制。

4. 我国产业链供应链稳定性和竞争力的评估结论

（1）从规模看，中国制造业规模大、门类全，是产业链供应链稳定性和竞争力持续提升的最大底气

一是工业生产突飞猛进，制造业规模持续领先。中华人民共和国成立以来，我国工业生产能力迅猛增长，继 2007 年制造业增加值超过日本、2010 年超过美国后，2021 年我国制造业增加值达 31.4 万亿元，占总产出的比重在 30% 左右，已连续 12 年保持世界第一制造大国地位。短期内中国的“世界制造业中心”地位无法被轻易取代（见图 3）。

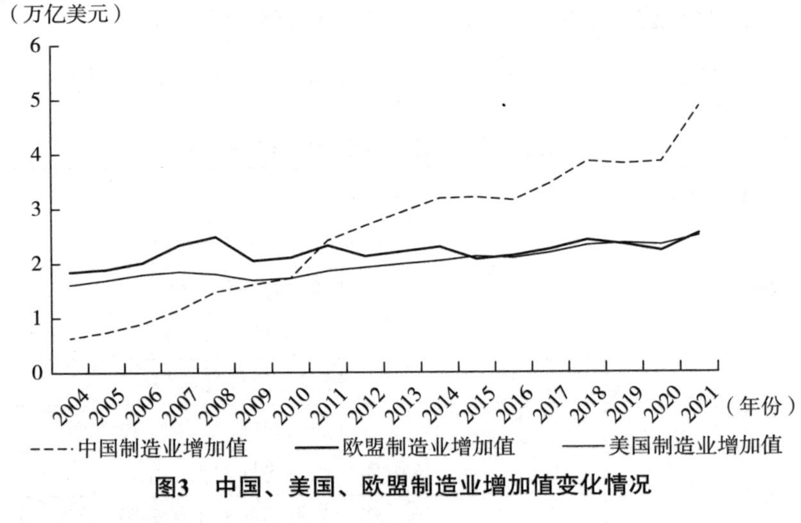

图3 中国、美国、欧盟制造业增加值变化情况

资料来源：世界银行。

二是制造业门类齐全、体系完整的特征，有利于提升产业链供应链稳

定性和竞争力。我国制造业规模巨大且品类齐全，在 500 余种主要工业品中，超过四成的产品产量位居世界第一，并拥有近 1.7 亿户市场主体和 1.7 亿多高水平人才，这是我们经过长期培育形成的大国经济的最大优势和潜力。

（2）从出口看，制成品国际竞争力强，全球价值链地位和国内增加值成分持续提升，初级产品对外依存度较高

一是出口份额持续增长。2009 年我国成为世界第一大出口国，保持至今。2001—2020 年，我国货物出口年均增长达到 12.1%，高于同期全球出口年均增速 6.8 个百分点，出口占全球份额逐步提升到 14% 以上（见图 4）。新冠疫情发生后，我国快速实现疫情控制与生产恢复，进出口规模接连迈上 5 万亿美元、6 万亿美元两大台阶，世界第一出口大国地位更加稳固。

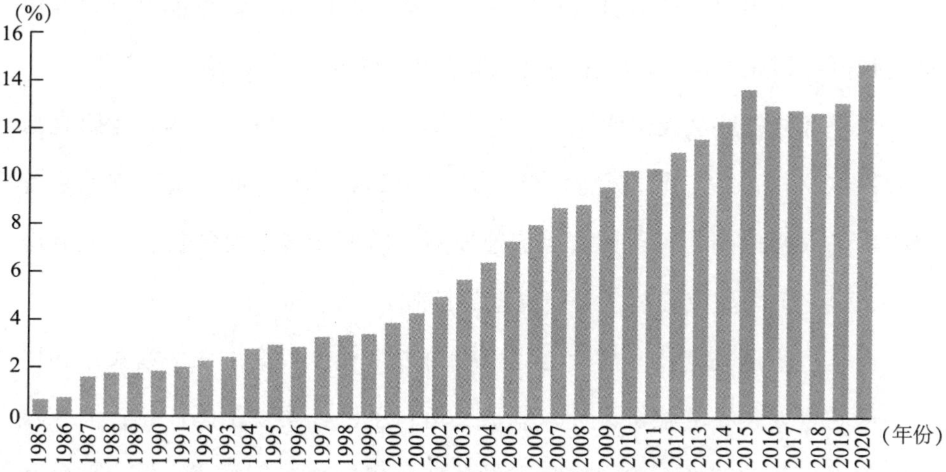

图4　1985—2020年我国货物出口占全球份额

资料来源：世界贸易组织。

二是部分产业国际竞争力显著增强。纺织品、电子数据处理和办公设备、通信设备等 5 个行业产品国际竞争力处于第一梯队，集成电路和电子元器件、机械设备和钢铁制品等 3 个行业产品国际竞争力处于第二梯队，化工品等 9 个行业产品国际竞争力处于第三梯队。

三是全球价值链地位和国内增加值成分持续提升。2006—2015 年[①]，电脑 / 电子制造业等 3 个产业国内增加值提升接近 10%。中国全球价值链参与程度逐步深化，并且在全球位居较高水平，部分行业全球价值链参与程度已经高于美国，说明我国以效益体现的产业链竞争力稳步提升。

四是初级产品对外依存度较高。中国石油对外依存度达 78%，天然气对外依存度为 43%，铁、锰、铬、铜、镍等金属矿产对外依存度超过 70%，铝土矿、金、钾盐对外依存度超过 40%，铅、锌、银对外依存度超过 30%。

（3）从行业看，有些具备领先优势，有些关键技术和核心零部件对外依赖度仍然较高，存在被“卡脖子”风险

一是部分领域具备了全球竞争力。我国在传统工业领域多已形成完整的产业链，纺织服装产业具有全产业链优势，新能源装备在较短时间内快速达到世界领先地位，以稀土行业为代表的原材料工业具备国际竞争力。

二是部分领域从技术跟跑、并跑向领跑转变。2020 年我国企业研究与试验发展机构总数、研发经费支出均比 2012 年翻了一番，航空航天装备技术水平大幅提高，海斗探海等快速发展。特高压输变电装备、大型掘进装备、煤化工大型成套装备等跻身世界前列。

三是产业链关键技术与核心零部件对外依赖度较高。在多数关系国民经济命脉重大装备的整机设计、制造、运行上已经实现了国产化，但在核心零部件、基础软件、关键材料和设备环节仍然存在瓶颈和短板，部分环节对美国及其盟友依赖度较高，存在被“卡脖子”风险。

四是主要产业链供应链竞争力和稳定性分化较为明显。根据我们对选择的代表性行业的分析，风电、稀土等 4 个行业产业链供应链稳定性和竞争力都处于较高水平。大飞机等 5 个行业产业链供应链稳定性和竞争力都处于比较低的水平。纺织服装等行业总体处于竞争力强、稳定性弱的状

① 可获得的全球投入产出表最新数据到2015年。

态。汽车、建材和食品行业处于竞争力弱、稳定性强的状态（见图5），但新能源汽车近年来竞争力提升很快。

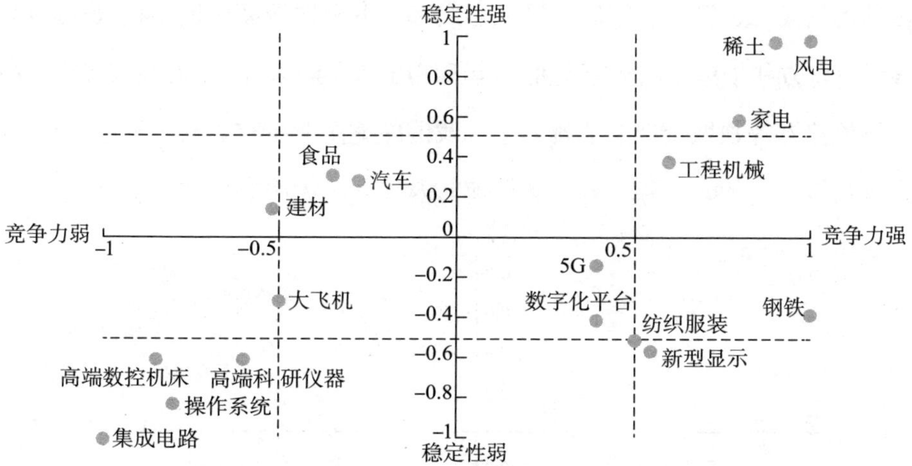

图5　重点产业链供应链稳定性和竞争力评价

资料来源：课题组整理。

（4）从企业看，全要素生产率稳步提升，但整机强、零部件弱，单项冠军能力和水平不高

一是技术创新水平显著提高。2020年，我国是全球《专利合作条约》（PCT）申请量排名第一的国家（见图6），其中华为公司（5464件）连续4年排名全球第一。

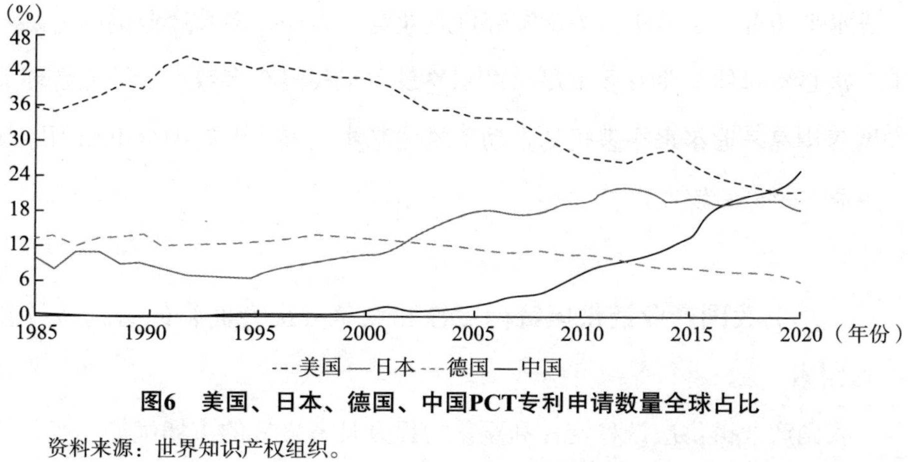

图6　美国、日本、德国、中国PCT专利申请数量全球占比

资料来源：世界知识产权组织。

二是部分领域终端和整机企业优势明显。我国企业在 5G 设备、钢铁、家电、新型显示、工程机械等领域具有国际竞争力，中国中车在该领域市场份额远超第二、第三、第四、第五名之和，占全球份额接近 1/4。我国液晶显示京东方和华星光电两家企业产能已位居全球前两位。然而在大飞机、高端科研仪器等领域全球企业排名中，我国内地企业少有上榜（见图 7）。

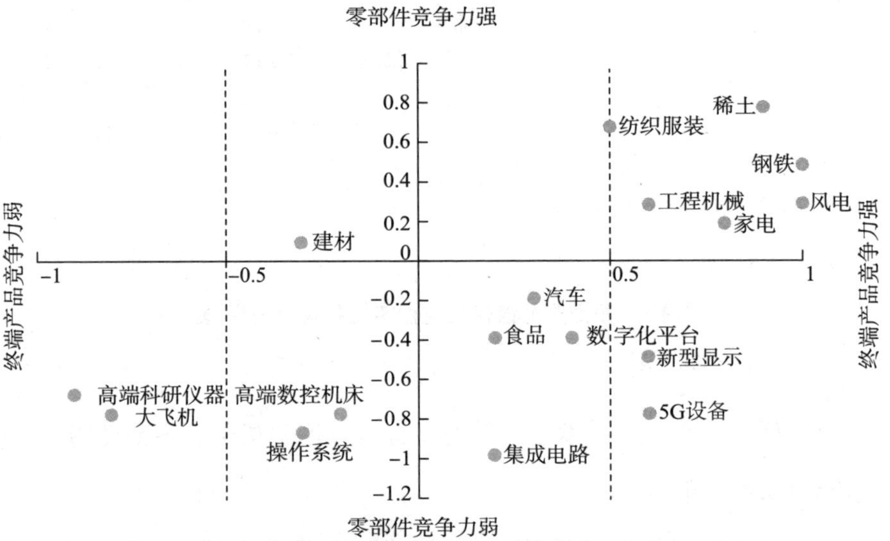

图7 终端产品（整机）竞争力和零部件竞争力

资料来源：课题组整理。

三是关键零部件企业竞争力弱，单项冠军企业发展不充分，与国际先进水平还有一定差距。关键零部件企业竞争力弱，多数产业链的上游环节、核心零部件企业发展不足。这主要是由于我国在多数产业链上游环节发展起步晚，近年来在整机的带动下虽然稳步发展，但较细分市场国际领先企业差距仍然较大。

（三）我国产业链供应链稳定性和竞争力提升面临的有利条件和不利因素

我国产业链供应链稳定性和竞争力提升具备良好的市场优势、产业基础、科技人才资源和金融支撑能力。从市场规模看，产业链配套的最大市场在中国，并远大于美国、德国、日本的市场规模，不仅有利于吸引产业链供应链相关企业集聚，也在较短时间内为推动大规模产业化应用和分摊研发成本提供了有利条件。从产业基础看，整机和终端领域涌现出一批领军企业，已具备一定的整机系统设计和终端产品定义能力，产业链国内配套稳步发展，能力逐渐增强，在部分环节实现了关键突破。从科技和人才资源看，我国研发投入强度达到中等发达国家水平，总量接近美国。基础性的研发和管理人员充足，理工科毕业生超过美国、德国、日本理工科毕业生的总和。按折合全时工作量计算的全国研发人员数量稳居世界第一位。从金融支撑能力看，银行系统规模、资本市场交易额和融资额居世界前列，随着科创板、创业板和注册制的实施，中长期贷款等改革举措推出，金融支撑能力将日益增强。

进入新阶段，我国产业链供应链发展也面临一些不利因素。从外部看，主要是美国对我国高科技企业实施断供打压、构筑对华科技“小院高墙”壁垒，联合盟友加严瓦森纳协定，以及对我国投资出台限制措施为代表的科技断供、脱钩以及技术保护主义等。从内部看，主要是资源有效协同不足，产业基础研究能力不足、关键共性技术供给主体长期缺位、创新链和产业链融合的政策和制度环境还有待完善。

综上所述，我国产业链发展已形成产业规模、终端和整机制造能力以及一定技术水平的龙头企业优势，又有广阔的市场和较强的科技、人才和金融要素支撑。美国的科技断供和技术保护主义措施在局部上会放慢我国追赶的步伐，也会加速我国在相关领域自主创新、“去美国化”甚至国产化替代的进程。只要我们保持战略定力，坚持创新引领，坚定推进高水平科技自立自强和提升产业链关键环节自主可控能力，通过深化改革，进一步发挥优势，调动各方面的积极性、主动性和创造性，任何国家都难以阻止我国的发展。

三、新发展格局下提升我国产业链供应链稳定性和竞争力的思路和目标

（一）深刻把握支撑产业链供应链稳定性和竞争力的6个规律

产业链核心技术能力是产业链稳定性和竞争力的基石。关键核心技术、先进制造工艺等均掌握在本国产业链企业手中，产业链的安全可控程度、稳定性自然就更高，产业链竞争力也更强。即使面临重大外部冲击，也能在一定程度上确保产业链供应链的安全稳定，或在较短时期内得以恢复。

产业链关键环节的掌控力和配套水平是影响产业链稳定性和竞争力提升的关键。除了核心关键技术外，围绕最终产品生产所需的关键材料、核心零部件、关键设备等若能由本国企业提供关键配套，或即使具备了部分关键配套能力，也能通过吸引来自其他国家的企业形成本地化的配套能力，或互为制衡，也会提升产业链供应链的稳定性。当然，一国能够掌控的产业链关键环节越多，各环节配套越完备，抵御风险和危机时的韧性和回旋余地越大，产业链供应链的稳定性和竞争力就越强。

产业链供应链的效率和组织协调能力在促进提升竞争力的同时有利于增强稳定性。产业链上相关主体生产效率越高，成本经济性越有优势，越能在国家之间的产业链竞争中占据优势。数字化生产方式变革能够促进降本、提质、增效，是当前提高产业链供应链效率非常重要的一个途径。特别是在数字化平台化基础上，与地理空间上的产业链集群化发展相结合，进一步提升了供应链组织协同和高效匹配能力，提高了产业链供应链的根植性和韧性。此外，供应链的组织协调能力还体现在供应链管理上，通过适度的多元化或应急备份，规避和降低极端情况下的供应链风险，实现效率和安全（稳定）的合理平衡。

推动数字化低碳化发展是提升产业链供应链竞争力的新方向。以新能源、数字化等为代表的新一轮科技革命为产业链供应链的绿色可持续发展和竞争力提升提供了技术和产业支撑。发达国家围绕碳中和标准制定的加速推进将重塑新的贸易和产业竞争规则。推动能源生产、使用和消费方式革命，加快实施与数字化紧密结合的产业链供应链绿色低碳转型，将提升面向未来的产业竞争新优势。

一国产业链在全球价值链中的价值创造、增值和分配能力从结果上反映了产业链的国际竞争力。价值创造能力的基础来自产业链高价值环节的掌控能力（如研发设计、核心零部件等），并因不同环节的可替代性和垄断竞争程度，形成参与价值分配的不同水平，通常技术门槛较高、产品定义能力较强的环节垄断利润更高。

产业链供应链核心企业的能力是产业链供应链稳定性和竞争力的“压舱石”。各行业领域具有国际竞争力的龙头企业、单项冠军和“专精特新”中小企业越多，融通发展能力越强，一国产业链供应链稳定性和竞争力提升的基础越牢靠。

研究提升产业链供应链稳定性和竞争力的思路与路径，必须深刻把握这 6 个方面的关键因素，缺一不可。

（二）以新发展格局为战略引领提升产业链供应链稳定性和竞争力

进入新发展阶段，全面贯彻新发展理念，加快构建新发展格局是当前和今后一个时期我国经济发展的重要逻辑主线。新发展格局是结合我国发展新阶段需求结构、供给体系、增长动能等一系列变化，应对国际环境复杂深刻调整，发挥我国发展优势做出的战略选择，为指导“十四五”时期我国经济社会发展指明了路径和方向。提升我国产业链供应链稳定性和竞争力，必须准确深刻把握新发展格局的内涵、本质特征和目标要求，要以构建新发展格局来指导产业链供应链竞争力的提升，同时通过产业链供应链稳定性和竞争力的提升来加快构建新发展格局，牢牢把握以下 5 个方面。

一是牢牢把握实现高水平的自立自强这个最本质的特征，进一步强化创新引领作用。只有实现高水平的科技自立自强，才能持久维护产业链的安全稳定，只有依靠创新驱动，才能从根本上提升产业链供应链竞争力。目前我国产业基础研究和产业创新体系不健全，导致关键共性技术突破和全产业链优化升级的后劲不足，须从长远战略角度出发，重点放在健全和完善产业基础研究和产业链创新的支撑体系，建立健全长效机制上面，为增强产业自主发展能力、赢得面向未来产业链竞争的新优势提供重要的体制机制保障。

二是紧紧抓住畅通国民经济循环这个关键所在，以高质量供给引领和创造新需求。只有打通国民经济的关键堵点、断点，推动高质量发展，才能促进国民经济循环畅通。当前我国产业链供应链存在高端供给不足，难以满足消费升级需求的问题。须以推动高质量发展为主题，重点放在加快推动全产业链优化升级，推动制造业质量变革、效率变革和动力变革上面，努力提高供给对需求的适配性，推动实现产业基础高级化和产业链现代化。

三是坚持以强大的国内经济体系为支撑，把准扩大内需这个战略基点。超大规模的内需市场是我国产业链供应链韧性和可持续发展能力的关键所在。无论是关键环节补短板、优势领域锻长板，还是培育壮大新兴产业，均须充分发挥规模庞大的国内市场在分摊研发成本、促进新技术规模化产业化发展等方面的优势。必须完善自主创新产品推广应用的政策机制设计，为充分发挥我国强大市场优势和需求拉动作用提供支撑助力。

四是坚持以外循环提升国内大循环效率和水平，打造参与国际合作竞争新优势。我国产业链供应链已深度融入全球经济，充分发挥比较优势，积极利用两个市场、两种资源参与国际分工合作是改革开放以来我国经济快速增长的宝贵经验。目前我国一批优势产业已由追赶变为走到国际竞争的前列，还有一些产业面临基础能力薄弱、亟待完善产业链供应链创新链等问题。须进一步发挥外循环对国内循环的促进作用，重点放在以高水平战略性开放促进产业链供应链创新链的国际合作上面，在开放发展中完善创新链、提升产业链、优化供应链、升级价值链。

五是坚持统筹发展和安全，牢牢守住产业链安全底线。基础不牢，地动山摇。产业链稳定性是产业链竞争力的重要基础。近年来，我国关键核心技术受制于人，“卡脖子”“掉链子”的风险明显增多，须将筑牢产业链安全底线放在首位，重点是提升产业链自主可控能力，同时增强产业链供应链韧性，进一步形成安全可控、开放包容、协同高效的产业链供应链。反过来，产业链的竞争力也是保持产业链稳定性的长远保障，只有具备竞争力，才能够确保长远稳定。

（三）总体思路和基本原则

以习近平新时代中国特色社会主义思想为指导，全面贯彻党的二十大精神，立足新发展阶段，完整、准确、全面贯彻新发展理念，构建新发展格局。统筹发展与安全，以推动高质量发展为主题，以深化供给侧结构性改革为主线，以改革创新为根本动力，牢牢把握高水平自立自强这个核心，抓住畅通高水平的国内大循环这个关键，瞄准国家重大战略需求、前沿竞争和应用导向，健全完善布局合理、高效协同的基础研究和产业创新生态。实施产业基础再造和产业链提升工程，分行业做好战略设计和精准施策，加快推进“强基础”“补短板”“锻长板”“提水平”“促升级”，着力提高关键领域自主可控能力、优势领域全球引领能力和战略性新兴领域产业链综合能力。协同推进产业链创新和数字化、绿色低碳转型，优化龙头企业领航，产业链上下游融通发展、协同发展、集群发展的产业组织生态，促进产业链供应链创新链高水平开放合作，在促进全产业链优化升级中提升产业链供应链稳定性和竞争力，为构建现代化经济体系提供坚实的产业基础。

基本原则包括“一统一、三结合”。保持产业链稳定性和提升产业链竞争力的内在有机统一，在促进全产业链优化升级中实现稳定性和竞争力的双提升。产业链供应链稳定性和竞争力具有内在逻辑关系上的一致性，产业链供应链竞争力的提升离不开产业链供应链安全稳定这个基础，较强竞争力的产业链供应链同时也是增强稳定性的重要支撑力量。脱离稳定性谈竞争力或脱离竞争力谈稳定性都难以长久持续。工业化后期综合成本上升导致产业链劳动密集型环节转移是很多工业化国家的经验规律，但如何保持制造业比重相对稳定，并重点通过提升产业链竞争力，在低端制造迁出去的同时，实现核心环节留下来和价值链升上去是应对这一挑战的关键。当前，数字化革命带来的简单劳动替代和生产效率提升，为我国制造业本地化升级带来了机遇。我国也可借鉴日本等“母工厂”模式将产业链核心环节（包括研发设计、先进制造终端产品、核心零部件、机械设备中间品生产制造等）留在国内，通过智能制造提高制造中间环节的效率，同时通过向研发型制造和服务型制造两端延伸，提高产业链附加值，并提高其国际竞争力。

专栏1　保持产业链竞争力和稳定性的美国模式与日本模式

美国：拥有全球最强的创新生态和金融资本体系，在竞争力和效率最大化的驱使下，跨国公司将生产制造环节向全球更具比较优势的地方布局，国内只留下少数轻资产的软件、医药以及科技研发服务业，这种模式使得美国企业在很多产业链的高附加值环节竞争力更强，但也带来就业和一些新的问题。近年来，美国政府和学界开始反思制造能力缺乏对国家经济安全构成的威胁，特别是对产业竞争力的严重损害。为保持供应链稳定和产业链竞争力的可持续发展，过去10年，政府部门开始出台引导制造业回流的战略举措，并更加强调供应链的安全稳定。

日本：20世纪80年代开始了制造业大规模海外投资和全球化布局，但并未带来产业的空心化，其中“母工厂”制度是强化日本制造业竞争优势，防止产业空心化的重要途径。这一制度不仅强化了制造业研发功能，促进了技术水平和工艺升级，也将新的工艺、技术和标准向其他全球工厂扩展。根据日本政策投资银行的调查，2017年日本制造业仍有近6成的企业在国内保留有“母工厂”。

资料来源：课题组整理。

坚持自主发展与开放合作相结合，在有效平衡自主性和经济性中提高安全发展能力和竞争力。提升产业链供应链稳定性和竞争力均须坚持自主发展与开放合作。一方面，高水平自立自强是增强产业链稳定性和竞争力的前提。关键核心技术是要不来、买不来、讨不来的，只有坚持自主创新，建立起自主的技术体系、产业体系，才能从根本上保障国家经济安全、国防安全和其他安全，才能在持续不断的产业升级和激烈的国际竞争中始终把握主动权，立于不败之地。因此，涉及国民经济基础性通用性技术、对美单一依赖且可能被“卡脖子”的关键技术，对产业持续创新有重要影响的关键技术、核心元器件、关键材料及设备等，均应纳入高水平自立自强的范畴。另一方面，强调自主发展能力不是要封闭发展、关起门来发展。要始终坚持开放合作的理念，引导相关企业积极融入全球产业链创新生态，促进标准相融、技术水平同步，避免出现中国一个体系、国际上一个体系，特别是防止在新兴领域技术标准制定中被人为排斥和孤立。应在努力保持创新同步的基础上，进一步发挥规模和市场优势，进一步形成影响标准的能力，以及与其他国家关键技术和供应链相互制衡的能力。应支持发展开放、包容、竞争、合作的产业链供应链，在确保产业链关键环节形成自主技术能力和产业链配套能力的同时，在开放合作和国际竞争中提高产业链供应链效率和发展水平。努力在自主性和经济性之间实现平衡，形成你中有我、我中有你、更加稳固的竞争格局。

坚持政府作用和市场力量相结合，在发挥市场在资源配置中的决定作用和更好发挥政府作用中调动各方面积极性。从政府发挥作用的出发点看，应将政府作用精准聚焦于市场失灵或失效的领域，以及国家战略性目标的追赶和布局上，同时通过产业政策引导市场力量、汇聚市场资源向重点领域、关键环节集聚。从增强产业链稳定性和竞争力的着力点看，应重点支持前沿和基础研究，以及涉及国家产业安全的底层关键技术研究，支持企业创新活动和推动构建产学研开放式协同创新网络，加强产业链核心能力、关键共性技术服务体系、产业基础服务平台、先进产业基础设施建设，支持人才培养和培训，加强产业公地、产业集群建设发展等。对战略性领域和新兴产业而言，产业政策还应支持自主可控的产业生态和市场的培育。从政府政策的作用方式看，应以功能型、普惠性政策为主，强化竞争政策的基础性地位，运用法律法规、与国际接轨的规则标准等完善法治化、国际化、高标准的营商环境。除此之外，大部分领域，主要还是通过政府对基础研究、人才培养的支持，以及搭建起来的引导激励产业创新和促进成果产业化的制度机制，进一步把我国市场规模超大、产业门类齐全、人才资源丰富等优势发挥出来。

坚持强化内循环主体作用和双循环相互促进作用相结合，通过“以内促外”和“以外强内”实现产业链水平的新提高。高质量的内循环是提升产业链供应链稳定性和竞争力的目标，同时也是关键依托。无论是聚焦关键领域突破“卡脖子”的关键技术，还是优势领域进一步升级，以及战略性新兴领域优势培育，均须以内循环的关键需求和市场引领和创造新需求，不断提高高质量发展对产业链安全和消费升级适配性的需求。国内国际双循环相互促进，针对不同发展阶段的产业，重点有所不同。对产业基础薄弱，尚未形成全球竞争力的产业，更多依赖国内市场和通过高水平“引进来”，促进创新链、产业链、供应链的合作，实现“以外强内”。对于在国内已具备一定竞争优势的产业，更多是主动“走出去”，在推进研发中心、产业链供应链的全球布局中实现发展水平和国际竞争力的新提高，即“以内促外”。

（四）提升产业链供应链稳定性和竞争力的主要目标

“十四五”时期，重点是统筹发展与安全，提升产业链关键环节自主可控能力，健全和完善产业链创新发展的制度机制，促进全产业链优化升级。具体目标是，到2025年，产业基础研究和创新支撑体系逐步健全和完善，重点领域自主可控的技术体系和产业体系基本建成，核心关键技术受制于人的状况得到有效缓解。集成电路、基础软件、工业母机、大飞机、发动机、科研仪器等关键领域自主可控能力明显增强，高铁、电力装备、新能源等领域全产业链竞争优势进一步提高，5G、人工智能、新能源汽车、生物医药、新材料等战略性全局性产业链进一步培育壮大。基础零部件及元器件、基础软件、基础材料、基础工艺和产业技术基础等基础能力补短板取得显著进展。经过不懈努力，一批产业链长板环节进一步涌现。以龙头企业领航，专精特新“小巨人”企业和制造业单项冠军企业融通创新、协同发展的格局基本形成。产业链供应链数字化、低碳化转型和价值链升级取得显著成效，形成具有更强创新力、更高附加值、更安全可靠的产业链供应链。

“十四五”末到2035年，在重点领域、关键环节产业链自主可控程度进一步提升的基础上，重点是全面提升产业链现代化水平和国际竞争力，推动我国成为世界制造业强国和重要的创新策源地。具体目标是，支撑产业链创新的政策和制度环境更加完善，自主可控的技术体系和产业体系走向成熟，产业基础能力进一步提升，整机带动关键零部件配套能力和水平持续稳步提高。核心关键技术形成与国外相互制衡的局面，形成一批不容易替代的撒手锏产品和独门绝技。关键领域实现自主可控，优势领域进一步形成引领全球的产业链竞争力，战略性新兴领域系统性竞争优势初步形成。产业链创新生态建设和产业组织实力得到加强，在全球价值链的位势进一步升级。产业体系完整性、韧性、稳定性和竞争力进一步增强，全面实现产业基础高级化和产业链现代化，参与国际合作竞争的新优势显著增强（见表3）。

表3　2025年和2035年提升产业链稳定性和竞争力的主要目标

目标	2025年	2035年
总体目标	统筹发展与安全，提高产业链关键环节自主可控能力，健全和完善产业链创新发展的制度机制，促进全产业链优化升级	全面实现产业基础高级化和产业链现代化，参与国际合作竞争的新优势显著增强，我国成为世界制造业强国和重要的创新策源地
创新支撑体系和长效机制建设目标	产业基础研究和创新支撑体系逐步健全和完善，重点领域自主可控的技术体系和产业体系基本建成	支撑产业链创新的政策和制度环境更加完善，自主可控的技术体系和产业体系走向成熟
产业链安全可控目标	核心关键技术受制于人的状况得到有效缓解，集成电路、基础软件、工业母机、大飞机、发动机、科研仪器等关键领域自主可控能力明显增强	产业链自主可控程度进一步提升

续表

目标	2025年	2035年
补短板目标	基础零部件及元器件、基础软件、基础材料、基础工艺和产业技术基础等基础能力补短板取得显著进展	产业基础能力进一步提升，整机带动关键零部件配套能力和水平持续稳步提高
锻长板目标	高铁、电力装备、新能源等领域全产业链竞争优势进一步提高，5G、人工智能、新能源汽车、生物医药、新材料等战略性全局性产业链进一步培育壮大	优势领域进一步形成引领全球的产业链竞争力；战略性新兴领域系统性竞争优势初步形成；形成一批不容易替代的撒手锏产品和独门绝技
主体能力提升和生态优化目标	以龙头企业领航，专精特新“小巨人”企业和制造业单项冠军企业融通创新、协同发展的格局基本形成	产业链创新生态建设和产业组织实力得到加强
产业链现代化目标	产业链供应链数字化、低碳化转型和价值链升级取得显著成效，形成具有更强创新力、更高附加值、更安全可靠的产业链供应链	在全球价值链的位势进一步升级。产业体系完整性、韧性、稳定性和竞争力进一步增强，全面实现产业链现代化

资料来源：课题组整理。

四、新发展格局下提升我国产业链供应链稳定性和竞争力的主要路径

（一）以完善创新生态系统和实现高水平自立自强为根本特征的创新驱动路径

创新是支撑产业链安全稳定和提升竞争力的关键动力。面对新一轮科技革命日益呈现的技术创新密集化、竞争焦点趋同化特征，以及技术保护主义引发的“脱钩”“断供”等产业链供应链安全挑战，加快健全和完善科技和产业融合的创新支撑体系，增强产业链供应链自主可控和创新发展

能力十分重要。当前我国产业链创新的基础仍较为薄弱，主要是基础科学研究短板较为突出，产业基础研究投入严重不足；战略科技力量和关键共性技术供给主体缺位，难以稳固、持续支撑产业链升级和前沿领域创新。

下一步，应以重塑国家创新生态系统为核心，促进形成创新链和产业链有机融合、开放包容的创新支撑体系，重点提升“体系化支撑能力”，分类施策完善产业链创新布局。

一是建立科技与产业更紧密的联系，完善科学、技术、产业、政策协同衍化的国家创新生态系统。重点突出强化创新主体连接，优化创新整体环境，重组创新管理机构，扩充创新资金来源，加快政府资助研究成果的商业化进程。面向不同产业链的创新类型因业布局、因群施策。对于科学研究型创新，典型行业包括制药、生物材料、半导体设计、电子、有机化学、专用化学品、军事技术等，政策着力点应放在加强基础研究布局，健全科技转化和工程化平台，培育科学商业组织上。对于工程技术型创新，典型行业包括航空航天、汽车、铁路和电信设备等，政策着力点应放在培育有全球竞争力的产业集群上，支持领军企业组建创新联合体，带动中小企业创新活动。对于规模密集型创新，典型行业包括具有规模经济特征的大宗化学品、食品、纺织、电气设备、工程机械、金属制品等，政策着力点应放在利用大规模市场优势驱动技术创新、流程创新上，培育有竞争力的供应商。对于专业化供应商创新，典型行业包括为其他产业提供新工艺，例如机械和仪器设备等产业，政策着力点应为培养围绕关键共性技术的产业创新生态，提供良好的市场条件鼓励创业活动。

二是强化国家战略科技力量支撑，实现重大基础前沿突破。系统部署国家战略科技力量，推进使命导向型创新，提高基础研究对创新的战略支撑作用。以解决国家重大科技问题、攻克共性关键技术为使命导向，健全和完善以国家重点实验室为引领，国家工程研究中心、国家技术创新中心、制造业创新中心等为重点支撑，新型研究型大学、新型研发机构、科技领军企业等多元化主体协同参与的创新体系。

三是着力打造创新联合体，强化产业链开放式协同创新机制。按照“小核心、大网络、专业化、开放式”架构，形成产学研紧密联系，上下游协同互动、合作共赢的创新联合体。突出领军企业、“专精特新”中小企业和地区头部企业在补链、延链、强链过程中的主体地位，发挥“链主”企业的领航作用。

四是完善市场经济下关键技术攻关的新型举国体制。优化完善国家重大科技专项、重点科技计划项目等管理流程和考核机制，梳理“卡脖子”领域的科学问题清单、关键共性技术清单，按照“揭榜挂帅”方式予以支持。按照整机考核部件、下家考核上家，应用考核技术、市场考核产品的模式，促进技术成果和实际应用无缝对接。形成以共同利益为纽带、以市场机制为保障，政府力量与市场力量协同发力的任务导向型创新机制。

（二）以推动能源结构转型和打造绿色供应链为重点的绿色低碳发展路径

应对全球气候变化、减少温室气体排放已成为国际社会的共识。随着欧美等国家和地区进一步推动碳关税落地，以及不少跨国公司提出打造零碳供应链，产业链的绿色低碳水平将成为国际贸易竞争力的重要内容。我国已明确提出 2030 年前碳达峰和 2060 年前碳中和的目标，加快产业链绿色低碳转型既是高质量发展的内在要求，也是塑造国际竞争新优势的战略选择。

下一步，应按照政策引领、重点突出、系统推进，发挥市场机制的思路，围绕重点产业和产业集群加快能源结构调整以及新能源基础设施布局，健全和完善满足产业链绿色低碳转型要求的技术、产品和服务体系。

一是加快推进能源系统绿色低碳发展。产业链的绿色低碳转型，调整优化能源结构是关键，持续提高电气化率水平，大力发展非化石能源，构建低碳能源系统是核心路径。我国要完成“双碳”的既定目标，非化石能源2030年发电占比要超过50%，2060年要成为绝对主力。须促进新旧能源融合、接续发展，坚持“安全可靠、绿色低碳、经济高效”三大方向，打造适度超前、具有竞争力的新型能源基础设施，为全产业链的绿色低碳转型提供支撑。

二是加快重点工业领域脱碳技术研发应用，提高低碳竞争力。统筹发挥科研院所、行业企业研究力量，加快钢铁、有色金属、化工等行业低碳技术攻关，发挥这些行业的规模优势和产业发展综合水平较高的优势，实现低碳转型过程中相对于其他国家的成本优势和新的国际竞争力。

三是实施传统产业绿色低碳行动。通过提升重点行业节能标准、提高能源资源利用效率、推广应用绿色制造等举措，构建绿色低碳工业体系。引导和支持行业龙头企业发展绿色供应链，促进产品设计绿色化、生产制造清洁化、产品供给绿色化、能源消费低碳化、资源利用循环化发展。

四是着力发展绿色低碳新兴产业，抢抓新兴产业发展机遇。抓住全球绿色低碳转型背景下，新能源汽车、光伏、风电等新兴产业快速发展的机遇。我国与发达国家起点差距不大，可发挥产业基础全、规模潜力大的优势抓住抢跑的机会，持续加大对产业链创新的支持力度，努力锻造一批“长板”产业。例如，发展动力电池和电机等技术，避开在传统燃油发动机方面的竞争劣势，实现新能源汽车抢跑。进一步加大对氢能应用等新兴领域的支持，发挥龙头企业优势，引导和支持更多新兴产业快速发展。

五是加强政策引导和市场化机制的协同。一方面，充分发挥政策、标准的支持和引领作用，在低碳技术研发、企业低碳技术改造、推广应用等方面给予政策上的支持。另一方面，通过完善碳交易市场，运用碳税、能源价格调节机制等市场化机制，引导企业走低碳转型之路。吸引和调动市场资源、力量，共同投资于低碳能源和低碳经济发展，形成产业和应用的良性循环。

（三）以发展数字化供应链为主要方向的质效提升路径

国内外的实践表明，数字技术、智能技术的应用在促进资源优化配置和降本增效，提升产业链供应链协同性、韧性和竞争力方面发挥了重要作用。这对整体处于工业化中后期，正迈向高质量发展转型的我国制造业而言，意义尤为重大。但目前来看，我国数字产业化基础相对薄弱、区域和行业发展很不均衡、中小企业数字化转型进展偏慢、工业互联网平台建设推广任重道远等问题仍然比较突出。

建议加强顶层设计，突出问题导向，强化示范引领，推进智能制造和工业互联网普及应用，加快传统产业链数字化改造，促进数字化新型基础设施建设，促进全产业链补链与强链，培育关键产业链数字化发展新优势。

一是加强顶层设计和示范引领。对基础条件好的流程型行业，重点深化全流程的数字化应用，健全关键数据采集、分析和反馈机制，进一步优化生产流程，提高能源利用效率，促进安全生产和质量效率提升。对于离散型行业，针对不同行业特点，重点强化应用示范，推广适合本行业、效益突出的重点应用。推广定制化生产、网络化协同制造、在线运维服务等一批服务型制造样板。围绕重点产业集群化发展，推动物联网建设健全发展。在关键共性技术研发应用上取得突破，不断提高产业基础能力。

二是健全中小企业数字化转型支撑服务体系。针对中小企业面临的数字化转型基础弱、缺技术、缺资金、缺人才等问题，重点完善数字化技术改造、数字化贷款贴息等支持政策，鼓励有基础、有条件的地区率先开展中小企业上云上平台试点示范。加快建设面向中小企业的数字化转型公共服务平台，整合供给侧资源，打造供给侧企业的系统攻关平台，高效、直观、便捷对接中小企业数字化转型需求。定期组织专业性、针对性、实效性、指导性强的数字化相关培训，同时为中小企业之间进行学习交流提供平台。

三是促进工业互联网平台应用发展。大力解决工业场景服务能力不足的问题，提供数字化工程建设的专项政策，做好区域、行业垂直平台的建设。支持以龙头企业和供应链主企业、特色产业集群为依托，打造产业链上下游高效协同的工业互联网平台，促进资源优化配置，提高供应链灵活反应能力和韧性。加快突破相关核心技术，将工业互联网平台体系建设与我国工业的基础短板、共性技术、“卡脖子”工程结合在一起，一体谋划和推进。

（四）以推动制造和服务深度融合为主线的产业价值链升级路径

产业链供应链竞争力，很大程度上体现为终端产品的创新设计能力，质量、管理和服务能力，以及品牌溢价能力。我国制造业要提高面向全球的竞争力，目前规模化制造能力是优势，也是长板，在创新设计能力、质量效益和品牌影响力等方面还存在短板要补齐。下一步，需要进一步加大研发、设计、信息、管理等知识性和高端生产性服务要素投入，促进制造与服务深度融合，推动产业向价值链中高端跃升。以高质量的供给带动高质量的需求，持续激发超大规模市场潜力。

一是提高产业链自主设计品牌能力。以产业创新平台、先进制造业集群为依托，促进制造与服务企业资源整合、空间集聚发展。整合对接科技研发、原型设计、工艺创新等的最新成果，推动更多加工制造企业向创建自主设计、自主品牌的中国创造转型。鼓励消费领域和工业领域跨境电子商务发展，促进自主品牌营销推广，进一步提高面向国内外的品牌影响力。

二是提高供应链管理和运行效能。推广供应链管理（SCM）等先进管理理念和组织方式，推广精益供应链模式与服务。发挥现代物流对优化制造业供应链、降低成本提高运行效率的重要作用。支持制造企业依托工业互联网、物联网平台，进一步提高与上下游供应链的计划、调度、管理和协同能力。

三是创新发展远程运维、全生命周期管理等服务。鼓励制造企业围绕提升客户价值，基于核心技术优势拓展专业化社会化服务，发展基于客户深度参与的产品个性化定制服务，基于智能装备的远程运维、在线检测与维护等服务，进一步延伸和拓展价值链，实现价值增值。

（五）以龙头企业领航，大中小企业、产业链上下游企业协同化、生态化、集群化发展的产业组织优化路径

产业链供应链相关主体的核心能力及其协作关系是产业链供应链稳定性的“压舱石”，也是提升产业链竞争力的关键所在。目前我国已经到了大企业领航、大中小企业融通发展的时期，多数制造业领域围绕终端和整机生产制造已经培育了一批具有引领和带动作用的龙头企业，部分领域涌现出一批发展潜力较好的单项冠军和“专精特新”中小企业，但这类企业还不够多，对标制造强国相关企业在综合实力、技术水平、创新能力、产业链上下游协作水平等方面还有较大差距。特别是从巩固和强化我国制造业产业链安全性与竞争力的角度来审视，我们在产业组织的协同化、生态

化和集群化发展方面，还有相当长的路要走。

下一步应从构建大中小企业、产业链上下游体系化能力出发加以系统谋划，重点组建大中小企业融通发展，产业链上下游协同作战的联合舰队，促进产业链生态化集群化发展。

一是以龙头企业为核心，组建规模庞大、实力雄厚、优势互补的联合舰队。要善于发挥大企业、大院所、大集群的平台功能，在龙头企业和配套供应链企业之间、生产企业和科研机构之间、大企业和中小企业之间、企业和行业组织之间，结成强劲的利益纽带。围绕前沿性技术和“卡脖子”领域创新和产业链技术水平提升的任务导向，以重大科技专项、行业重点研发计划等为载体，推动形成由龙头企业牵头，整机（终端）牵引器件、材料、设备、工业操作系统等企业协同创新的格局，在战略性新兴产业领域尽快攻克“卡脖子”的堵点和难点，将产业链主导权牢牢把握在自己手中。

二是以产业创新联盟为平台，重点培育制造业单项冠军和专精特新“小巨人”企业。落实《及时支付中小企业款项管理办法》，形成中小企业与大企业长期稳定的供应合作关系，鼓励大企业支持带动核心供应链企业加快成长。支持中小企业开展技术创新，积极参与大企业组建的产业技术创新联盟，不断提高专业化生产、服务和协作配套的能力。对符合条件的“专精特新”中小企业上市融资、发行债券等给予支持。

三是坚持开放、融合和协同发展理念，大力发展先进制造业集群。聚焦锻长板，促进传统优势产业链升级和培育新兴产业链，优化区域产业链布局，加快建设一批世界级先进制造业集群，形成深度嵌入全球价值链的稳定能力。支持中西部符合比较优势的重点产业集群发展。支持区域特色优势产业集群的产业共性技术研发基地建设，支持有条件的集群建设制造业创新中心等重大平台载体，凝聚相关主体围绕平台进一步打造创新联合体和专业化协作网络，提升集群创新发展能力和产业链竞争力。

（六）以优化产业链供应链国内外布局为重点的协调发展、开放发展路径

统筹推进产业链供应链稳定性和竞争力的提升，关键在促进两者的内在有机统一，通过协调优化国内外产业链布局，加快推进产业链升级，达到更高水平稳定性和竞争力的目标。对内，发挥国内产业链布局纵深、体系完备的优势，有序协调区域产业转移和推进产业升级；对外，坚定深化产业链供应链创新链的开放合作，坚持两手对两手，以“融合”对抗“脱钩”，以“伙伴”替代“盟友”，更好利用国际市场、国际资源，在打造开放包容的产业链供应链中进一步提高安全稳定水平，实现竞争力的提升。

一是增强本土产业链布局的稳定性、协调性和竞争力。要通过持续降低制造业成本，稳定产业链供应链。进一步处理好金融、房地产与实体经济的关系，促进金融资源、高水平人力资源等高质量要素更多配置到制造业和实体经济部门。盘活土地存量，增加工业用地供给。推进石油、电力、通信、铁路、交通等领域的改革，有效降低基础产业成本和公共服务价格水平。要加强市场化、国际化、法治化的高质量营商环境建设，进一步深化公平竞争环境的改革，加大力度吸引跨国公司产业链高端环节落地，提高产业链供应链关键环节本地化配套能力。要有序协调东中西部产业链梯度转移。加强中西部地区新型基础设施和投资环境建设，大力推进依法行政。创造条件鼓励行业龙头企业向中西部地区转移，进一步带动产业链上下游配套转移，促进制造业在国内跨区域转移中实现产业链升级。要以重点行业重点地区先进制造业集群建设为载体，提升产业链供应链的根植性和竞争力。

二是分类施策化解产业链外迁风险。引导成本敏感型、劳动密集型行

业企业向价值链高端升级，通过应用智能制造生产方式对冲劳动力成本上升压力，实现机器换人、智能提质；重点提升研发、设计能力和制造工艺水平，提升产品质量品牌，向价值链高附加值环节升级。支持贸易转移型行业企业拓展多元化市场，除了采取综合性的扶持，重点是引导和支持其积极拓展非美国家市场。鼓励市场拓展型外迁行业企业将核心关键环节留在国内，将中国作为全球总部、重要的研发中心和关键零部件制造基地，提高国内与海外市场的供应链协同能力。支持战略寻求型投资合作企业完善以我国为主的产业链供应链核心能力，强化能源、资源、技术、渠道、品牌等核心要素支撑，提高企业竞争力。

三是进一步提高产业链供应链的开放性、包容性。大力支持科技创新主体面向全球开展自愿互利共赢的产业链创新合作，围绕前沿领域、关键技术工艺等联合开展基础研究，就关键瓶颈问题面向全球创新主体进行"揭榜招标"。加强新兴产业链优势产能的全球布局。在5G、新能源、氢能等我国具备一定基础和竞争优势的新兴产业发展过程中，大力支持有实力、信誉好的企业"走出去"，围绕欧美领先市场和若干区域性目标市场优化布局先进产能，在积极参与国际竞争中实现技术、产品迭代和产业升级，形成符合本国和东道国目标市场技术标准的领先优势。

四是主动布局以我国为主的亚太研发生产销售网络。推动落实RCEP等高水平开放的区域合作制度安排，在亚洲区域生产体系中发挥更大作用。积极布局一批高质量产业园区合作平台，促进国内外园区协调联动，深化与东盟国家在电气机械和设备、纺织服装、家电等重点领域的产业链垂直分工与价值链合作，进一步形成面向全球出口、深度嵌入全球价值链的伙伴关系。加强与日韩在先进制造业领域的关键供应链合作，推动中日韩自由贸易协定早日达成，围绕我国对日本、韩国依赖度较大的有机化学品、集成电路、电气机械、农业机械零部件等领域，以及日韩对我国进口依赖度较大的办公设备及自动数据处理、电信及录音设备、钢铁等领域开展利益深度绑定的供应链合作，大力吸引日韩关键零部件企业来华直接投资设厂，防范因贸易环境恶化或类似疫情冲击的供应链风险。争取早日加入《全面与进步跨太平洋伙伴关系协定》(CPTPP)，对标对表高标准规则，不断提升国内制度型开放水平，进一步优化政策环境。

五是高质量推动"一带一路"产业链供应链合作。综合考虑市场规模、贸易潜力、消费结构、产业互补、国别风险等因素，引导产业链供应链关键企业开拓一批重点市场。发挥市场机制作用，促进贸易与产业互动，稳步拓展我国产业链供应链国际发展空间。有序推动与"一带一路"沿线国家和地区加工制造环节的投资合作，带动当地经济发展的同时促进国内高端零部件出口，促进互利共赢。

六是稳妥应对欧美发达国家对我国产业链供应链的围堵打压。更好发挥新型举国体制优势，围绕国内"弱基""少核"问题，不断推动稳链固链行动，着力缓解对美单一依赖风险。致力于打造开放、多元、安全、平衡的产业链供应链，进一步深化与欧洲、日本产业合作，推动化解欧美日联手对中国产业链供应链合围限制。通过区域、双边协定等加大对欧日产业开放力度，拉紧与欧日的合作关系。

五、重点领域产业链供应链稳定性和竞争力提升路径

（一）稳定性和竞争力强的领域：重点是锻长板、强基础、提水平

我国风电、稀土、家电、工程机械等产业链在全球已具有一定的竞争力。这种竞争力基本上是基于终端和整机的强大制造能力和依托国内市场规模优势形成的，在此基础上进一步稳定支持了产业链上游的发展，并形

成一批具有一定国际竞争力的龙头企业，在积极参与国际竞争过程中技术能力、管理水平、综合实力等稳步提升。

就这类产业链来讲，其稳定性因为有国内市场的强大依托，一般不太会有产业链成规模集中外迁的风险；就产业链的安全可靠程度来看，大部分已逐渐通过国产化和供应链的本地化得到解决，但因不同产业的进展不同，部分关键环节也难以做到完全的自主可控，尤其是对于高端零部件、高端通用芯片、基础和工控软件、关键材料等向更上游走的基础能力仍然需要进一步提升。

对于这类产业，重点要在较好的发展基础上，锻长板、强基础和提水平。一是加强国内市场和国际市场的联动，坚定推进自主品牌国际化发展，在“走出去”过程中进一步拓展国际市场空间，强化国际竞争力和话语权。二是发挥好终端整机和龙头企业拉动作用，鼓励龙头企业支持和带动本国关键供应链补短板，带动形成全产业链的系统性优势。三是抓住全球产业数字化、绿色化、融合化转型的机遇，努力提高智能化绿色化服务化水平，带动全产业链升级，早日实现由追赶者向领先者的跨越。

（二）竞争力强、稳定性弱的领域：重点是补短板、促升级、固根基

我国纺织服装、钢铁、新型显示、5G、数字化平台等具有较强的竞争力，但也面临一些稳定性的现实挑战，主要有两类情况：一是纺织服装等传统优势产业，产业链较为完备，产品出口国际竞争力较强，但因国内综合成本上升导致产业链外迁问题，影响了产业链稳定性；二是钢铁、新型显示、5G、数字化平台等领域，在制造能力、应用水平、技术工艺等诸多产业链环节展现出较强的国际竞争力，但也存在着一些关键环节自主可控能力弱的问题。其中，钢铁是资源依赖型，铁矿石进口高度依赖国外；新

一代主流显示AMOLED属于生产线关键设备，高度依赖国外，5G产业链上游一些关键元器件、数字化平台的技术底座难以做到完全自主可控，尤其在国际环境复杂多变的情况下，存在着产业链供应链安全隐忧。

要解决这些问题，需要分类施策。对成本上升导致的产业链外迁影响稳定性问题，关键是促升级、固根基。依托智能制造实现产业链提质增效，推动产业向价值链中高端升级，同时将核心环节留在国内，提高产业链根植性。对于资源、技术、供应链对外过于依赖导致的产业链不稳定问题，关键是补短板、固根基。通过完善多元平衡的供应链补齐资源原材料对外依赖的短板；通过支持自主关键技术、核心零部件研发应用，补齐产业链安全可控的短板，进一步依托已经形成的龙头企业、制造能力、应用市场优势，培育全产业链优势。

（三）稳定性和竞争力均较弱的领域：重点是补短板、强基础、提水平

大飞机、高端数控机床、高端科研仪器、集成电路、操作系统等属于产业链供应链稳定性和竞争力均较弱的领域。这类产业链的特点是多属于高技术领域，产业链长，专业化分工程度高，技术较为复杂，我国发展起步较晚，从整机组装或应用环节切入，产业链上游发展较为薄弱。由于这类产业通常属于国民经济基础性、通用性技术领域，部分领域还具有较强的战略性，应该集中资源大力支持，从长远战略角度谋划，支持产业自主可控和做优做强。

重点是统筹发展与安全。遵循产业发展规律，按照“创新驱动、需求激励和供给集中”的原则，以避免被“卡脖子”风险，以努力缩小我国在产业链关键环节和系统集成能力上与国际先进水平的差距为目标，整合产学研用资源，进行产业链协同攻关和技术应用“一条龙”合作，加快产

业链补短板；同步把握前沿领域技术换道的机会，健全完善新技术领域产业链。对我国短期内较难实现突破的环节，要尽量维护多元稳定的供应关系，并通过“引进来”完善本土供应链；对我国企业已实现突破的环节，要发挥需求拉动作用，确保国内供应链企业至少获得与国外同等的竞争机会，并鼓励集成企业尽力支持、培育国内核心供应链发展。要注重提升系统集成的能力和水平，将自主性、经济性、竞争力统筹考虑，始终坚持产业链供应链创新链的国际合作，保持与国际领先技术水平的同步。

（四）稳定性强、竞争力弱的领域：提品质、创品牌、促升级

食品、建材等属于产业链供应链稳定性强、竞争力不突出的领域，这类产业链多具有本地化的特征。

对这类产业链应重点从满足国内消费升级和高质量发展的需求出发，以超大规模国内市场为依托，以促进竞争为动力，支持企业提品质、创品牌，实现绿色发展，以产品升级带动产业链升级。同时，要支持有实力的企业“走出去”，积极拓展国际市场，开展产业链供应链全球布局，与本地化资源、文化和需求相结合，提升产业链供应链国际竞争力。

六、新发展格局下提升产业链供应链稳定性和竞争力的政策建议

要提升我国产业链供应链稳定性和竞争力，既要发挥创新驱动的作用和政府对产业发展的直接引导调节作用，构建开放协同的创新体系和精准的产业政策体系，也要在金融体系、人才政策、企业发展机制上加快建设，培养良好的自主可控的产业生态和创新生态。在建立以我为主的国内体系的同时，还要用好用活国际市场和资源。

（一）建设基础雄厚、开放协同的创新生态系统

一是推动创新体系布局更加合理化。在研发方向上，要基础研究、应用研究、试验开发3个环节同步发力，增加基础研究的投入。在机构定位上，要调动各方的积极性，发挥各自优势，形成科学合理的创新体系。具体而言，国家实验室和大学主攻基础研究，行业机构主攻共性技术研发，企业主攻产品和工程开发。对于实力强大的企业，可引导其向应用研究和基础研究领域延伸。

二是加快战略性、架构性科技力量的建设。在战略性、关键性、前瞻性领域，建立开放协同的国家实验室和国家科研机构，推动学科交叉融合和跨学科研究，以政府持续稳定投入为主，解决相关领域的原始创新和人才培养问题。在重点行业建设工业技术研究院，采取政府、企业、市场共同投入机制，解决行业发展的共性技术供给问题。

三是依托重大科技攻关，加强产业链与创新链的有机融合。通过重大工程、重大科技攻关项目的牵引提升科技能力。健全和完善以企业为主体的科研项目组织实施机制，对少数战略性产业链，通过牵头建设国家重点实验室、承担国家重大研究任务、制定行业标准等方式进一步强化对龙头企业的支持。打通从基础研究到应用基础研究、工程化、产业化的全创新链过程，促进科技创新、人才资源、现代金融相协同，以科技重大专项为依托，构建产学研用协同创新联盟，前瞻性地设立一批具有全球引领性的大科学研究计划和实施工程，加速培育若干未来产业。建立重大科技项目资助与管理体制，依据所在领域生命周期阶段、所处创新链位置及其与产业链结合的紧密程度进行差异化布局。

四是积极建立优势互补的创新联合体。鼓励构建应用创新平台，建立以产业管理部门组织实施、行业龙头企业牵头、科教部门和金融财税部门协同的创新联合体，明确各类创新主体在创新链不同环节的功能定位，

重点解决跨行业、跨领域的关键共性技术问题。明确提升国产普及率的目标，在合规的前提下优先采购创新联合体的创新成果。促进国有企业和民营企业、龙头企业和中小微企业之间形成分工协作的新型产业体系，国有企业和龙头企业专注于基础和应用基础研究或应用开发和中间试验研究领域，民营企业和中小微企业专注于关键设备、关键零配件、关键原材料的研发和生产，形成产业链、创新链、技术链和价值链融合发展的国内循环体系。

五是进一步完善知识产权保护制度体系。细化并推动实施侵权行为的认定规则，通过专项行动严厉打击各类侵权行为，加大处罚力度，保护创新主体权益。建立维权机制，通过设立举报平台和知识产权保护中心等方式，简化维权流程，降低维权成本。

（二）构建精准的产业政策体系

一是加强产业规划引导和部门协同。目前，一些基础材料、基础工艺、基础零部件和基础软件及计量、检测的科技攻关和产业化项目正在推进，建议从提升规划的统一性和部门的协同性入手，明确产业部门责任，坚持目标导向和问题导向相结合，统筹制定产业基础创新能力建设规划和实施路线图，建立有利于持续创新的基础能力体系和政策实施机制。

二是推动生态性产业和战略性新兴产业中国技术和产品的落地应用。推动对生态性的产业如操作性系统、战略性新兴产业如大飞机、通用性基础性的产品如芯片、高端数控机床的数控系统等的国产化应用，发挥好党的领导和社会主义集中力量办大事的制度优势，在政府部门和国有企业中优先使用本国产品，为相关产业的发展培育早期市场。

三是多措并举优化产业组织。加强顶层设计，瞄准现阶段“卡脖子”严重的环节，提出需重点攻克的任务清单和责任清单，组建工作专班一对一落实解决。搭建以大企业为核心、中小微企业深度融入的协同网络和沟通渠道，发挥龙头企业的带动作用，围绕“卡脖子”环节进行专业化分工，集中优势资源攻坚克难。加快培育“专精特新”企业，推动零部件企业在一个领域快速做大做强。建设地区性产业集群，并围绕产业集群补齐产业链供应链上下游的各个环节。

（三）构建安全的供应链管理体系

一是建立供应链安全管理制度。在关键基础设施领域加强国家安全管理，在重点行业逐步建立供应链安全管理制度。积极发挥行业协会等的组织力量，综合利用行政、技术等手段研判各类供应链安全风险，探讨制定供应链安全管理行业标准、供应链安全管理清单等，进而形成体系化的政策法规。

二是引导企业形成多元化、网络化的供应链体系。对于技术和产品高度依赖国外进口的制造业，引导其建立供应链自主可控的实施方案，形成供应链“1+X”备份系统。既要积极寻求友好国家的替代技术和产品，又要逐步引入国产供应商，避免对某一国家单一供应商的过度依赖。

三是建立矿产品资源市场化储备制度。对于对外依赖度较高的矿产品资源，应建立市场化、网络化的储备制度，在港口、交通枢纽地区建立中转、存储基地，出台相应安全管理规定。建设全国统一的大数据平台，实时监测、预测矿产品存量和市场需求，对市场预期波动提前做好应急预案和储备。另外，要借助能源供应格局调整契机，支持新一轮产业再布局，鼓励产业链向绿色能源供应中心集聚，提升产业链国际竞争力。

（四）进一步调动市场主体积极性

一是增强国有企业科技创新的动力。在考核机制上，将科技投入和产出纳入创新型国有企业的考核范围，将重大科技攻关和产业发展的成绩作为央企的重要考核指标。在人员任免上，要注重专业化，保证主要负责人相对稳定，建立促进其长期投入和大胆创新的干部政策。在容错机制上，对创新难度较高的领域，加快建立健全试错保障机制，特别是完善有利于国有企业发挥战略性新兴产业创新骨干作用的国资管理制度和审计纪检制度，释放创新活力。

二是充分激发并保护民营企业家的创新精神。鼓励民营企业在科技创新，包括战略性新兴产业创新上进行长期持续投入。进一步放宽市场准入，吸引有创新能力、核心技术和优秀领军人才的新兴市场主体进入，在市场准入、研发支持、政府采购、人才培养等方面一视同仁，形成国有企业和新兴市场主体发挥各自优势、高效协同的产业生态。要进一步完善政府采购政策，建立和完善对研发采购的风险补偿机制，减少企业研发失败的后顾之忧。

三是壮大市场主体，为企业开展创新活动夯实基础。研究降低制造业增值税税率，进一步降低制造业税负。通过推动高速公路优先降低货物收费标准，引导各地区进一步降低物流成本。进一步推动电力的市场化改革，促进用户和发电企业双边交易，推动工业用户和民用用户电力交叉补贴，进一步降低用电成本。支持制造业企业率先实施企业年金制度，研究降低制造业就业人员个人收入所得税税率，促进人才队伍稳定发展。

四是优化企业组织管理和决策机制，提升企业抗风险能力。完善企业组织体系和决策机制，确保企业能够在风险因素出现时第一时间做出反应、决策和调整。战略性新兴产业的龙头企业要谨慎推进资本多元化和上市融资，防止企业重大战略决策受到资本利益干扰。建立重大资产变动事件的安全性备案审查机制，防止龙头企业在投机资本的主导下完全垄断市场。

（五）建立健全培养和激励科技人才政策

一是加快引进海外人才。抓住人才回流机遇，以包容和多元化的方式引进领军人才。对于具有引领产业能力的人才一人一议，给予充分的待遇支持；对于成熟的技术团队整体引入，夯实技术与产业竞争能力。

二是加快国内人才培养。围绕核心技术和相关产业发展、基础研究等方面的需要，改革教学内容和教学方法，加快高素质人才和创新型人才培养。畅通高校、科研机构和企业间人才流动渠道，建立企业和政府科研机构贯通的人才培养和评价体系，鼓励通过双向挂职、短期工作、项目合作等方式加强人才共享。

三是加大人才激励力度。完善知识产权收益分配制度，通过推动国有科技企业实施股权激励和明确国家资助的知识产权归属等方式激励创新。

（六）完善高效协同的现代金融体系

一是加大银行信贷支持。继续落实好制造业中长期贷款和银行贷款同步增长，将各银行落实情况纳入宏观审慎管理的框架并逐步提高权重，既解决制造业的融资问题，又降低金融资源脱实向虚、自我膨胀的宏观风险。继续在地方层面推动政、银、保、企合作，减少信息不对称情况，降低实体经济的融资成本。

二是加大资本市场支持。建立证券部门与产业部门的协同机制，发挥科创板、创业板等多层次资本市场作用，支持优质企业上市融资。

三是为创新链的前端注入长期资本。战略性新兴产业创新周期长，可考虑将现有的 5 ~ 10 年的产业投资基金改造为 30 ~ 50 年的政府引导基金，引导早期天使、风险投资和私募股权等机构长期投资。另外，允许社保基金以适度的比例投资风险投资基金和私募股权基金，并延长考核期，使社保基金分享创新发展红利。

四是在战略性领域进行特殊的金融安排。要积极实施集成电路基金二期，在基金管理绩效的考核上，要把为完善产业链、为“卡脖子”技术攻关和商业化应用提供支持作为重要的考核指标。根据需要成立大飞机、飞机发动机、操作系统、工业软件等领域的基金，支持企业发展。

（七）加强国际产业链、供应链和科技合作

一是加强国际产业链、供应链合作。鼓励双向投资，既吸引国外先进技术和产品来华投资，也鼓励中国企业到海外投资、并购先进技术。对于我国有优势的高铁、5G、新能源装备、动力电池等领域，鼓励企业“走出去”。积极加入 CPTPP，主动谋划和塑造以中国为枢纽的亚洲生产网络，同时继续推动中欧投资协定生效，加强与欧洲的产业链供应链合作。

二是加强国际科技合作。加强国际科技合作，开放我国基础研究，创新合作方式，吸引国际研究人员加入，加强与非美国家的科技双边合作。积极参与国际标准的制定，提升我国国际标准制定话语权。

三是加强内外部政策的协调。除了极个别关键核心领域外，要按照世界贸易组织和国际通行规则来进行科技投入和产业培育。对当前的补贴进行系统梳理，把更多资金投入基础研究、应用研究和购买者补贴上，从而提高资金补贴效率，加强与国际规则接轨和国际合作。

四是积极参与国际产业规则重塑。推动各有关部门积极参与全球产业规则重构，围绕国际通行规则和商业惯例，系统推进产业政策优化升级。围绕欧美发达国家高度关注的 5G、数据等领域规则，支持有关龙头企业引领国际规则发展，增强话语权和影响力。在“一带一路”国家和地区产业合作中，积极推动中国制造标准“走出去”，对外讲好中国故事。

五是在开放发展中牢守安全底线。在必要时运用贸易救济等措施，维护国内产业链供应链发展安全。要做好外商投资安全审查、反垄断执法、贸易救济等国际通行规则，建立健全事中事后监管体系，完善风险防控管理体系，切实处理好开放与安全的关系，更好维护我国相关重大利益。

执笔人：王金照 李燕 路倩 庞超然

专题篇

专题报告一

我国产业链供应链稳定性和竞争力评估

总体来看，规模庞大、配套完备是中国产业链供应链稳定性和竞争力的最大底气；出口规模大、全球竞争力总体较强是中国产业链供应链稳定性和竞争力的主要表现；自主创新能力显著增强，一些领域技术水平已从跟跑、并跑到领跑，是中国产业链供应链稳定性和竞争力的主要支撑；企业全要素生产率逐步提升是中国产业链供应链稳定性和竞争力提升的微观动力。但与此同时，部分领域被“卡脖子”风险是影响中国产业链供应链稳定性和竞争力提升的最大不确定因素。

一、产业链供应链安全可控情况

“大进大出”的贸易结构导致中国对海外资源、高端零部件和技术依赖度较高。总体来看，资源能源型产品主要依赖发展中国家，高端零部件对发达国家依赖度较高。特别是在高端零部件和技术领域，中国对美国及其盟友依赖度较高。2001 年以来，中国超一半的技术进口来自美国、日本、德国等发达国家。

二、产业链供应链外迁风险情况

部分产品出口份额持续向要素成本更具优势的国家转移。近几年，我国综合生产要素成本不断提升，部分产品持续向周边地区转移。其中，最为典型的产业为纺织服装业。2013年，中国纺织服装出口份额达到历史最高值（38.2%），随后逐年下滑。2020年受新冠疫情影响，东盟国家订单向国内转移，中国纺织服装出口份额由2019年的33.9%升至2020年的38.1%。与之形成对比的是，东盟国家纺织服装出口份额在新冠疫情前持续上升，2020年达到最高（10.7%）。从对纺织服装企业对外直接投资调研情况看，我国纺织服装产业链转移的主要目的地在越南等东盟国家和地区。

综合要素成本上升制约产业链供应链规模发展空间。总体来看，近几年中国制造业生产要素成本快速变化，制约了未来制造业规模进一步发展空间。其中，入世以来我国工资水平年均上涨17.8%，资金成本一度远高于发达国家，工业用地价格上涨超过1倍，物流成本明显高于国际平均水平，2020年物流成本占GDP比重达到14.5%。此外，我国还存在宏观税负偏高问题。按照国际标准的宏观税负计算方法，中国宏观税负高达37.2%，已经超过了发达国家的平均水平（30% ~ 35%）。

部分发展中国家对制造业引资竞争力度加大，对我国产业链供应链稳定发展造成一定程度冲击。部分发展中国家通过各种不同的优惠手段与优惠政策，希望吸引更多的跨国公司直接投资，国际引资竞争压力不断上升，部分中国企业向东南亚等地区投资转移步伐逐步加快。

三、产业链供应链发展情况

部分环节和技术领域国内市场份额较高，且在全球具有较强影响力。主要上市公司年报显示，光伏面板、高铁、数字支付这3个技术领域中，中国供应商在国内市场及全球价值链中占据较高份额，国内供应商为本土价值链贡献超70%的价值。其中，这3个产业在国内市场份额分别达到

100%、100%和95%，光伏面板在国际市场份额达到50%，3个产业中国一级供应商在国际市场占有率分别达到70%～85%、75%～95%和85%以上。风力涡轮机、货船、智能手机、云服务和机器人等领域，尽管国内主要采取外国技术，但中国一级供应商在国际市场占有率分别达到65%、45%、40%、30%和20%等。

从此次评估的15个行业主要情况看，长板环节主要在终端产品加工制造和组装等，部分领域形成了全产业链优势。稀土、纺织服装、家电、工程机械全产业链具有国际领先优势，钢铁除原材料外其他环节均具备国际领先优势，风电、5G、汽车等在中游环节具备国际领先优势，新型显示等在个别环节具备国际领先优势。

从此次评估的15个行业主要情况看，短板环节在上游零部件、关键材料和设备等。总体来看，大飞机、高端科研仪器、高端数控机床、操作系统等领域短板环节较多且与国际领先技术有较大差距，5G在关键零部件等领域存在短板，工程机械在上游零部件领域存在短板，钢铁上游原材料供应领域为短板环节，纺织服装在研发设计以及高性能产品等方面存在短板。

专栏2　产业链供应链优势领域

纺织服装产业。我国纺织服装产业规模全球最大、体系最为完善、门类最为齐全。化纤、面料自给率超过95%，纱线自给率超过90%，装备自给率超过80%，高端装备关键基础件的国产化率达到50%以上。上游原料产量优势明显，2020年化学纤维产品市场份额高达70.5%，排名第二的印度仅为8%。国产纺织机械在国内市场上的占有率从2001年的37%提升至2019年的80%以上。我国每年生产约2000万吨的棉纺纱线，提供约600亿米的功能性面料，纱、布产量均居全球第一，骨干企业在棉纺织制造领域已经达到国际领先水平。

家电产业。我国家电产业国际竞争力较强，上游原材料基本实现了全国产化，小家电产品具有垄断优势，智能家电发展领先全球。2020年出口额占全球的比重接近40%，产量占全球产量的份额超过55%；房间空调器、微波炉占全球产量比重为70%～80%，电冰箱/冷柜、洗衣机比重为50%～55%，冰箱压缩机比重为60%～70%，空调压缩机比重为70%～80%。原材料、零部件等全产业链配套体系完备，特别在珠三角、长三角和胶东半岛形成了三大家电产业集群地区。海尔、海信、创维、小米、TCL、科沃斯、格力等一批家电品牌和自主品牌成功入选全球化品牌50强。

风电产业。我国风电产业形成了较为完备的产业链供应链体系。我国风电装机规模、风电发电量居世界第一，并网装机容量达到30015万千瓦，是美国的2.6倍，已连续12年稳居全球第一。2020年新增陆上和海上风电装机容量均位列全球第一，累计陆上风电装机总量全球第一。我国拥有并网风电场4000余座，累计装机12万余台，风电场已遍布全国。

资料来源：课题组整理。

专栏3 产业链供应链短板

高端医学影像装备。我国高端医学影像装备产业链供应链薄弱，大部分医学影像设备生产商均不具备核心元器件自主研发生产能力，高端核心零部件基本依靠从国外不同厂商采购，整机生产过程由组装集成过程向整体制造转变。专用芯片、传感器、闪烁晶体、高性能陶瓷材料、高性能焊接材料、高端球管等核心材料未实现国产化，一些设计所需的基础系统、应用、开发环境、算法库等工具只能依靠进口。

工程机械。我国工程机械关键核心零部件依赖进口。特别是上游的发动机、轴承、液压系统等核心零部件，占总生产成本的一半左右，全球行业竞争已形成了由海外跨国集团主导的市场垄断格局。例如，我国目前有70%～80%液压系统依赖进口，高端产品市场主要掌握在博世力士乐、派克汉尼汾、伊顿和川崎4家公司手里。轴承方面，具有高附加值的中高端产品对外依赖严重，中大型以上轴承产品产量尚不足9%，中高端产品几乎被八大跨国集团垄断，相关领域暂未取得明显突破。

高端科学仪器。我国高端科学仪器国内基础配套能力薄弱，关键零部件技术起步晚、起点低，面临性价比、专利壁垒等问题，原材料和配套加工环节受限，关键零部件和核心操作系统与数据由美国、日本、德国等控制。目前我国77%的高端科学仪器市场被国外产品占据，长期处于逆差状态，2016年进口仪器仪表449.6亿美元，是第三大进口产品；2017年专业、科学及控制用仪器和装置进口总额排名第五；2019年仪器仪表进口高达519.93亿美元。

大飞机。我国大飞机产业链供应链的稳定性和竞争力较弱。目前，设计和总装主要由波音、空客、俄罗斯联合航空等掌控，机体结构和材料的供应商主要分布在欧洲、美国和日本，发动机市场主要控制在美国、英国、法国、德国等的手中，机载系统供应商主要分布在美国、英国、法国、德国等几个国家。机电系统、航电系统存在较多关键技术方面的短板，发动机自主可控程度较低，面临的技术封锁较为严重，短期内自主研发替代的难度较高。

资料来源：课题组整理。

国内生产增加值持续提升，中国制造向着全球价值链中高端稳步迈进。2005—2015 年，我国在电脑、电子和光学产品制造业，电气设备制造业，机械设备制造业国内增加值提升接近 10%，纺织品、服装皮革及相关产品制造业等 3 个行业国内增加值提升约 7%（见表 4），工业原材料相关行业国内增加值提升幅度较小，在 5% 以下。

表4　制造业分行业出口产品国内增加值和国外增加值对比情况

行业	电脑、电子和光学产品制造业	电气设备制造业	纺织品、服装皮革及相关产品制造业	化学和医药制造业	机动车辆制造业	机械设备制造业	基础金属制造业	焦炭和精炼石油产品制造业	金属制品制造业	木材及软木品制造业	其他非金属矿产制造业	其他运输设备制造业	其他制造业及制造维修服务	食品、饮料和烟草制造业	橡胶和塑料制品制造业	纸制品和印刷制造业
2005年国内	62.10%	71.33%	81.89%	74.71%	77.46%	74.46%	74.97%	64.49%	75.83%	80.62%	82.30%	74.60%	78.20%	89.45%	73.93%	78.88%
2005年国外	37.90%	28.67%	18.11%	25.29%	22.54%	25.54%	25.03%	35.51%	24.17%	19.38%	17.70%	25.40%	21.80%	10.55%	26.07%	21.12%
2006年国内	62.57%	71.11%	82.53%	74.79%	77.34%	75.38%	74.58%	61.25%	77.30%	80.54%	82.38%	74.17%	80.05%	89.28%	74.39%	79.30%
2006年国外	37.43%	28.89%	17.47%	25.21%	22.66%	24.62%	25.42%	38.75%	22.70%	19.46%	17.62%	25.83%	19.95%	10.72%	25.61%	20.70%
2007年国内	64.32%	72.16%	84.05%	76.39%	77.30%	76.07%	74.43%	62.96%	77.25%	81.54%	83.90%	75.99%	80.70%	89.72%	75.87%	80.90%
2007年国外	35.68%	27.84%	15.95%	23.61%	22.70%	23.93%	25.57%	37.04%	22.75%	18.46%	16.10%	24.01%	19.30%	10.28%	24.13%	19.10%
2008年国内	67.10%	74.01%	85.40%	76.88%	79.10%	77.90%	74.26%	60.06%	78.41%	83.54%	83.48%	78.03%	82.52%	89.51%	77.42%	81.65%
2008年国外	32.90%	25.99%	14.60%	23.12%	20.90%	22.10%	25.74%	39.94%	21.59%	16.46%	16.52%	21.97%	17.48%	10.49%	22.58%	18.35%
2009年国内	70.72%	77.02%	88.40%	81.09%	82.33%	80.49%	75.57%	65.41%	80.09%	86.23%	85.87%	81.47%	85.80%	91.27%	81.03%	85.57%
2009年国外	29.28%	22.98%	11.60%	18.91%	17.67%	19.51%	24.43%	34.59%	19.91%	13.77%	14.13%	18.53%	14.20%	8.73%	18.97%	14.43%
2010年国内	69.51%	75.45%	87.42%	78.94%	80.28%	79.23%	72.23%	61.03%	78.53%	84.49%	84.37%	80.63%	84.46%	90.15%	79.08%	84.41%

续表

行业	电脑、电子和光学产品制造业	电气设备制造业	纺织品、服装皮革及相关产品制造业	化学和医药制造业	机动车辆制造业	机械设备制造业	基础金属制造业	焦炭和精炼石油产品制造业	金属制品制造业	木材及软木品制造业	其他非金属矿产制造业	其他运输设备制造业	其他制造业及制造维修服务	食品、饮料和烟草制造业	橡胶和塑料制品制造业	纸制品和印刷制造业
2010年国外	30.49%	24.55%	12.58%	21.06%	19.72%	20.77%	27.77%	38.97%	21.47%	15.51%	15.63%	19.37%	15.54%	9.85%	20.92%	15.59%
2011年国内	69.41%	74.45%	86.30%	77.11%	78.86%	77.92%	70.11%	56.56%	76.92%	82.56%	82.64%	79.36%	83.08%	88.52%	77.67%	83.04%
2011年国外	30.59%	25.55%	13.70%	22.89%	21.14%	22.08%	29.89%	43.44%	23.08%	17.44%	17.36%	20.64%	16.92%	11.48%	22.33%	16.96%
2012年国内	69.25%	76.65%	87.14%	78.48%	80.32%	78.14%	73.35%	55.67%	79.55%	83.90%	83.93%	81.00%	83.99%	89.02%	79.59%	84.69%
2012年国外	30.75%	23.35%	12.86%	21.52%	19.68%	21.86%	26.65%	44.33%	20.45%	16.10%	16.07%	19.00%	16.01%	10.98%	20.41%	15.31%
2013年国内	69.30%	78.07%	87.58%	79.89%	80.17%	80.24%	73.55%	56.71%	79.59%	84.38%	84.41%	80.49%	83.67%	89.75%	80.63%	85.22%
2013年国外	30.70%	21.93%	12.42%	20.11%	19.83%	19.76%	26.45%	43.29%	20.41%	15.62%	15.59%	19.51%	16.33%	10.25%	19.37%	14.78%
2014年国内	70.12%	78.93%	87.95%	80.55%	80.25%	81.03%	75.76%	57.80%	80.83%	83.85%	84.92%	80.53%	83.52%	89.97%	81.19%	85.55%
2014年国外	29.88%	21.07%	12.05%	19.45%	19.75%	18.97%	24.24%	42.20%	19.17%	16.15%	15.08%	19.47%	16.48%	10.03%	18.81%	14.45%
2015年国内	71.80%	81.21%	89.24%	83.78%	83.23%	83.46%	80.77%	66.91%	84.43%	85.45%	87.48%	82.32%	86.23%	91.03%	83.52%	87.08%
2015年国外	28.20%	18.79%	10.76%	16.22%	16.77%	16.54%	19.23%	33.09%	15.57%	14.55%	12.52%	17.68%	13.77%	8.97%	16.48%	12.92%

资料来源：课题组整理。

四、终端产品国际竞争力情况

中国连续多年保持全球第一制造大国地位，总体显现出较强韧性。1990年中国在全球制造业总产值中的占比仅为1%，继2007年超过日本、2010年超过美国后，2012—2020年，中国制造业增加值从16.98万亿元增长到26.59万亿元，占总产出比重在30%左右。

外向型产品国际竞争力较强，中国连续多年保持第一货物贸易大国地位，2021年成为51个经济体的第一大进口来源国。2021年上半年，据世界贸易组织统计，中国出口份额约为14.6%，同比提升0.9个百分点，继续保持世界货物贸易第一大国地位。外向型产业特别是中低端劳动密集型产业在全球产业链供应链中占据重要位置，稳定性和竞争力相对较高。

纺织服装等5个行业产品国际竞争力处于第一梯队，机械设备等3个行业处于第二梯队，化工品等9个行业处于第三梯队。根据主要产品出口份额来看，2020年国际出口份额超过30%的产品类别（按照世界贸易组织主要产品类别划分）为纺织品、电子数据处理和办公设备、通信设备、服装、办公电信产品等5个产业。其中，服装产品出口份额在2013年达到高点（39.2%），随后出现下降，但国际份额仍保持在30%以上。集成电路和电子元器件、机械设备和钢铁制品出口份额为5%～15%，属于第二梯队。化工品等9个行业出口份额在5%以下，属于第三梯队。

工业原材料、工程机械、消费电子、药品及原料在发达国家具有较高的市场占有率，竞争力强。截至2019年底，中国是全球47个国家和地区的第一大进口来源国，超过130多个国家和地区的前三大进口来源地。特别是对于部分发达国家而言，中国是其工业生产、医疗卫生以及电子消费产品的重要来源地。其中，澳大利亚在595类商品、新西兰在513类商品、美国在424类商品、加拿大在367类商品、英国在229类商品对中国依赖度超过 50%（从中国进口占进口总份额 50% 以上）。相比之下，美国是 25 个国家的第一大进口来源地，欧盟作为一个整体是 68 个国家和地区的第一大进口来源地（如排除欧盟成员国，数量为 42 个）。

五、核心企业国际竞争力情况

中国企业快速成长，支撑产业链供应链稳定性和竞争力稳步提升，但与美国企业相比仍有一定差距。从中国企业在《财富》世界 500 强榜单变化情况来看，近 20 年来中国企业竞争能力快速提升。一是上榜企业所属国家格局发生显著变化，中国企业在数量上快速增加。1999 年，拥有上榜企业最多的 5 个国家分别为美国（184 家）、日本（101 家）、德国（42 家）、英国（40 家）和法国（39 家）；2020 年为中国（133 家）、美国（121 家）、日本（53 家）、法国（31 家）和德国（27 家）。二是中国企业优势领域集中在能源矿业、金融、互联网和一般制造业领域。2020 年中国上榜企业分布在 30 个行业，银行、保险、能源和金属产品行业占比较大。近 5 年来，随着阿里巴巴、腾讯等企业的发展，中国互联网和零售行业进步最大，上榜企业增幅达到 3.01%。从上榜的制造业企业情况看，中国企业主要集中在金属产品、车辆与零部件、电子电器设备和航空制造业，美国上榜企业数量分布更为均衡，在 14 个细分领域均有上榜企业，其中航空制造业上榜企业数量最多，占比达到 18%。

从主要细分行业排行榜看，中国企业在传统行业以及 5G 等新兴领域品牌知名度较高。从各主要咨询机构公布的行业前五大、前十大排行榜来看，中国企业在 5G、钢铁、显示、家电、工程机械以及轨道交通等领域涌现出一批世界知名品牌，总体竞争力强、稳定性高。其中，尽管轨道交通领域只有中国中车 1 家企业上榜，但其市场份额远超第二、第三、第

四、第五名市场份额之和，占全球份额接近1/4，且主要采用中国技术标准，竞争力、稳定性都走在世界前列。但在汽车领域，只有1家企业上榜，飞机制造、高端仪器、集成电路等领域全球前十大品牌中，没有中国内地企业上榜。可以发现，目前在高端行业中，无论是竞争力还是稳定性，中国企业与发达国家企业还存在较大的差距。

“隐形冠军”企业发展仍不充分，影响了产业链供应链稳定性和竞争力的提升。中国“隐形冠军”企业与发达国家相比仍有较大差距。根据西蒙在2016年的研究，全球的“隐形冠军”企业共有2734家，其中德国最多，有1307家，其次是美国，有366家，日本有220家，中国仅有68家，排在世界第八。德国每百万居民“隐形冠军”企业数量是16家，奥地利、瑞士等国家也有13～14家，而中国仅有0.1家，排名第十七。同时，中国“隐形冠军”企业发展还存在前沿技术产品少、国际化程度低等问题。自2016年工信部开展单项冠军评选活动以来，5年间，我国共遴选出5批340家示范企业和256项单项冠军产品，总数为596个。从产品行业来看，分布在机械行业的企业数量最多，占35.6%，以专用装备、关键基础件类和汽车零部件为主；其次为电子信息行业，占17.3%，主要集中在核心电子器件、高端通用芯片和基础软件产品等领域；石化行业占比15.8%。

执笔人：庞超然

专题报告二

以创新驱动发展战略为引领提升我国产业链供应链稳定性和竞争力

世界范围内，新一轮科技革命正在重塑世界经济结构和竞争格局，国家间的竞争更多地表现为创新能力和创新体系的竞争。强化科技创新是新发展格局下确保我国产业链供应链稳定性和竞争力的关键。在新发展阶段，我国由以往的跟踪发展转变为自主创新，亟须打造中国特色的创新驱动发展战略，提升产业链的稳定性和竞争力。

一、科技创新是提升产业链供应链稳定性和竞争力的关键

随着内外部形势发生深刻复杂变化，我国实现科技自立自强的重要性和紧迫性日益凸显，我国在众多产业链关键环节对外依赖度仍然过高，尽快通过创新克服关键核心技术“卡脖子”问题成为确保我国产业链供应链稳定性和竞争力的关键。

（一）我国与发达国家的产业链竞争由产品向创新转变

1. 大国科技竞争加剧，技术民族主义进一步抬头

新科技革命和产业变革加剧全球竞争态势。世界各主要国家基于科技

突破将会对产业发展、世界格局带来颠覆性影响的预期，近年来都在持续加大对科技（尤其是前沿技术）领域的投入，力图在新一轮竞争中抢占先机、赢得主动。

2. 全球对科技的重视度明显提高，科技创新的竞争焦点趋同

世界主要发达国家纷纷在科技前沿领域加快战略布局，试图抢占科技经济制高点，培育未来经济增长新动能。高新技术前沿领域成为未来创新竞争的主要焦点，主要国家所涉及领域交叉重叠现象明显，包括人工智能、量子科技、5G/6G、网络安全、新材料、新能源等在内的领域竞争激烈。美德英法日等发达国家均试图在绿色经济和数字化经济中掌控关键材料技术[①]，抢抓新一轮技术革命和产业变革的先机，积极抢占未来科技经济制高点。

3. 各经济体供应链布局由效率向韧性和安全性转变，价值链体系向研发和创新倾斜

新冠疫情进一步暴露了全球供应链的脆弱性，凸显供应链安全的重要性，促使世界各国通过推动产业链本土化、多元化、区域化提高产业链韧性和应对极端冲击的能力。当前几乎所有行业的价值链体系都开始更多地向研发和创新倾斜，要素价格在国际竞争中的重要性正在持续下降。随着传统成本型竞争优势的逐渐消退，发达国家与新兴国家间的国际竞争正越来越从错位竞争向正面竞争转变（麦肯锡全球研究院，2020）。2020 年以来，美国、欧盟、日本纷纷出台或更新产业政策，提高市场弹性，提出改革供应链，增强供应链韧性，减少对进口的依赖。

---

① 据不完全统计，自2021 年 2 月以来，美国白宫、国会、国防部、国立卫生研究院等多个部门累计发布科技经济战略部署文件或报告 28 份，主要包括人工智能、量子科技、5G/6G、能源、先进计算、云计算、生物医药、太空技术等方向。欧盟自 2021 年 2 月以来发布科技经济战略 12 份，包括人工智能、量子科技、 5G/6G、网络安全、关键原材料、电池生态系统等领域，努力推动欧美共性技术合作。

在此形势下，亟须采取适合的科技创新驱动发展战略以在新一轮全球竞争中赢得战略主动，为产业发展和保障国家安全提供可靠支撑。

（二）基于创新视角看产业链供应链的稳定性和竞争力

中国在全球价值链体系中发端于进口中间产品，然后出口组装产品。在过去的十多年，中国发展出了较完善的本地价值链和垂直整合的行业格局，也积累了较为坚实的科技创新基础，创新链对产业链的支撑作用明显增强。具体表现在以下几方面。

1. 创新投入和产出显著增加，为创新链推动产业链发展提供基础支撑

2017—2020 年，全国研究与试验发展（R&D）经费支出保持高速增长，由 17606.1 亿元增加至 24393.1 亿元，在全球位列第二，占 GDP 比重由 2.12% 提高至 2.4%。

2020 年我国科技论文发表数量世界第二，引用率世界第二，这说明了我国高质量的研究产出在迅速增长。我国是全球专利数量增长的主要动力。自 2003 年以来，中国内地每年的 PCT 申请量增长率均在 10% 以上，2020 年中国通过 PCT 境外申请专利 6.9 万件，在全球排名第一（见图 8）。

2. 依托重大科技项目，加强自主可控关键核心技术的供给

2017—2020 年，国家科技重大专项资助项目（课题）1149 个，国家自然科学基金共计资助项目 17.93 万个。围绕产业发展需要设立一系列国家科技重大专项，对产业链重要环节布局项目，建立政产学研用协同创新体系，推动了产业链补链、延链、强链和产业基础能力提升。

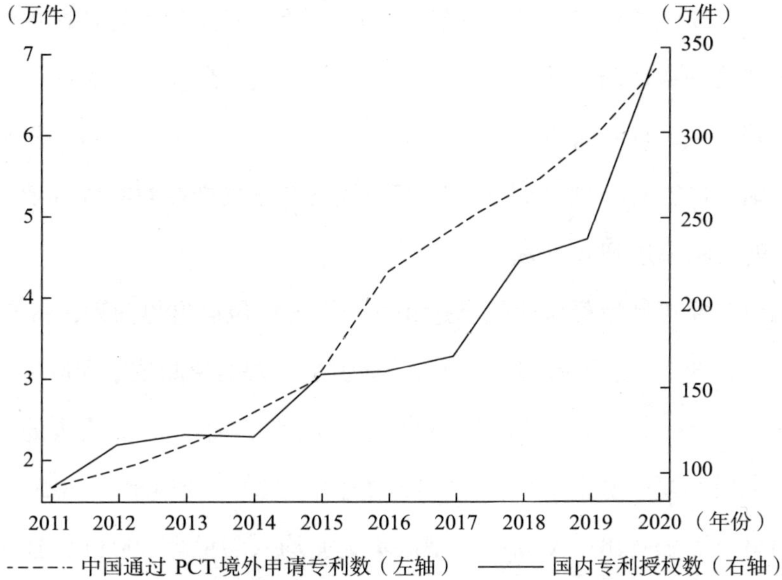

图8　中国专利申请与授权数量（2011—2020年）

资料来源：世界知识产权组织，作者绘制。

3. 推进建制化科研力量的建设与改革，强化关键技术在产业链的应用

截至 2020 年底，全国运行中的国家重点实验室 522 个，国家工程研究中心（包括国家工程实验室）350 个。2019 年，3450 家高校院所技术开发、咨询、服务合同金额为 933.5 亿元，比上年增长 22.9%。自 2015 年以来，国家科技成果转化引导基金总规模超过 400 亿元，2020 年全国大众创业万众创新示范基地、国家级科技企业孵化器、国家备案众创空间分别达到 212 家、1173 家、2386 家（史丹等，2021）。通过“链式效应”促进创新主体间相互协同，形成了武汉“光谷”、贵阳“数谷”、合肥“声谷”等特色地区产业链集群。

4. 新兴产业领域取得突破，竞争实力增强

战略性新兴产业领域产业跨界趋势愈加明显，在空天海洋、信息网络、生命科学、核技术等领域培育发展了一批战略性新兴产业。新能源发

电装机量、新能源汽车产销量、智能手机产量、海洋工程装备接单量等均位居全球第一；在新一代移动通信、核电、光伏、高铁、互联网应用、基因测序等领域也均具备世界领先的研发水平和应用能力。战略性新兴产业成为我国出口贸易的主要支撑，2019 年战略性新兴产业对我国外贸出口总额增长的贡献率达到 67.1%。

2019 年全国数字经济规模已达 31.3 万亿元，位居世界前列，占 GDP 的比重达到 34.8%，成为拉动经济增长的新引擎。人工智能技术和应用飞速发展，催生的新技术新模式新业态不断涌现。以“互联网 +”为代表的平台经济迅猛发展。领军型企业具备一定国际竞争地位和市场影响。2019 年，华为、阿里巴巴、腾讯等创新引领型巨头企业均入围世界 500 强，独角兽企业为 206 家。

5. 规模密集型创新领域表现出色，供应商驱动创新和工程技术型创新领域取得较大进展

我国的消费市场规模巨大、充满活力，新产品与服务快速商业化的能力较强。依托庞大的市场推动，家用电器（中国企业占全球行业总收入的 39%）、互联网软件（中国企业占全球行业总收入的 15%）以及消费电子（中国企业占全球行业总收入的 10%）取得快速发展。依靠中国庞大的消费市场，百度、阿里巴巴、腾讯等互联网企业以及海尔等家电巨头已经成为各自行业（分别为互联网搜索、电子商务、互联网游戏和家电）的全球领导者。

6. 制造业创新主要体现在快速学习、掌握新的生产流程并且设法加以优化

作为全球制造业大国，中国形成了包括供货商、工人、服务企业和物流服务商在内的庞大生态系统，推动了工艺流程创新。例如太阳能电池板组件（中国企业占全球行业总收入的 51%）、纺织（中国企业占全球行业总收入的 20%）和通用化学品（中国企业占全球行业总收入的 15%），以及建筑机械（中国企业占全球行业总收入的 19%）和电气设备（中国企业占全球行业总收入的 16%）等知识密集型行业的竞争力与日俱增。工程技术创新表现最出色的领域包括高铁列车（中国占全球市场的 41%）、风电（中国占全球市场的 20%）和电信设备（中国占全球市场的 18%）等（麦肯锡全球研究院，2015）。

（三）科技创新存在的主要问题与关键制约

我国已具备从“汲取创新”转变为“领导创新”的潜力，但科技创新领域仍存在以下几方面突出问题。

1. 在科学研究型创新的领域相对滞后，基础研究布局结构性失衡

科学研究型创新活动主要依赖科学研究的突破，产品创新密集并且专利化比例较高。典型行业包括制药、生物材料、半导体设计和电子等，这些产业中 15% ~ 33% 的营业收入用于研发，而科研成果转化为市场产品的周期可长达 10 ~ 15 年。在品牌医药行业，我国占全球收入的比例不到 1%，生物技术行业为 3%，半导体为 5.5%。这些行业的中国企业依然倾向于低附加值产品和战略。

按照技术领域分析，2020 年授予我国的 PCT 专利中，在全球占比最小的是大分子化学和聚合物领域（为 2.3%），其次为基础材料化学、生物材料分析领域（均占 2.5%）。中国在与科学联系紧密领域的创新相对落后。而语音视频技术领域在全球占比最高，达到 10.5%，其次为数字通信技术、计算机技术、通信技术领域（分别为 9.9%、8.8% 和 8.5%）。2016 年、2020 年 PCT 专利按照 35 个技术领域划分中国授予量对应全球授予量的占比数据如表 5 所示。

表5　2016年和2020年授予中国的PCT专利分技术领域全球占比　（单位：%）

序号	技术领域	2016年	2020年	创新类型
1	语音视频技术	6.1	10.5	工程技术型
2	数字通信技术	8.8	9.9	工程技术型
3	计算机技术	5.4	8.8	工程技术型
4	通信技术	6.5	8.5	工程技术型
5	半导体	4.0	8.0	工程技术型
6	热力和仪器	3.1	7.6	规模密集型
7	光学	5.7	7.1	工程技术型
8	基础通信	2.9	6.6	工程技术型
9	IT管理方法	2.5	6.2	工程技术型
10	其他消费品	4.3	5.9	规模密集型
11	家具、游戏	3.2	5.8	规模密集型
12	控制	3.4	5.5	工程技术型
13	环境技术	2.3	5.3	工程技术型
14	测量	2.2	5.0	工程技术型
15	电子设备、仪器、能源	3.3	5.0	专业供应商型
16	化学工程	1.6	4.0	规模密集型
17	机械工具	2.3	3.9	规模密集型
18	处理	1.8	3.9	工程技术型
19	有机化学	2.1	3.9	科学研究型
20	微观结构和纳米技术	1.9	3.8	科学研究型
21	材料	2.2	3.7	工程技术型
22	市政工程	1.7	3.7	工程技术型
23	生物技术	1.7	3.4	科学研究型
24	交通	1.6	3.3	工程技术型
25	引擎	1.6	3.3	工程技术型
26	制药	2.1	3.2	科学研究型
27	纺织和造纸设备	1.7	3.2	规模密集型
28	机械工具	1.4	3.1	专业供应商型
29	医疗技术	1.5	2.9	工程技术型
30	表面技术	1.6	2.7	工程技术型
31	其他专用设备	1.6	2.6	专业供应商型
32	食物化学	1.6	2.6	科学研究型
33	生物材料分析	1.1	2.5	科学研究型
34	基础材料化学	1.1	2.5	科学研究型
35	大分子化学和聚合物	1.3	2.3	科学研究型

资料来源：世界知识产权组织，作者计算。

基于科学创新的滞后主要缘于中国基础科学研究短板依然突出，创新链核心动力和原始创新能力仍然不足。基础研究的投入动力均严重滞后于我国对打造创新型世界前列国家的战略要求。2020 年基础研究经费占研发投入的比重仅为 6.01%，远低于发达国家 15% 的总体水平，基础创新占比较低造成科技创新的自主性相对薄弱，影响产业链高质量发展的原始创新能力。这是中国在众多重点产业链体系遭遇“卡脖子”关键核心技术创新制约的基础性因素。

同时，从投入主体看，我国的基础研究投入存在明显的结构性失衡，反映出企业的投入动力和技术能力欠缺。2019 年，中国企业基础研究支出占国家基础研究投入总额的比重只有 3.80%（见图 9），远低于美国等西方主要发达国家中企业基础研究支出 15% ~ 30% 的占比。

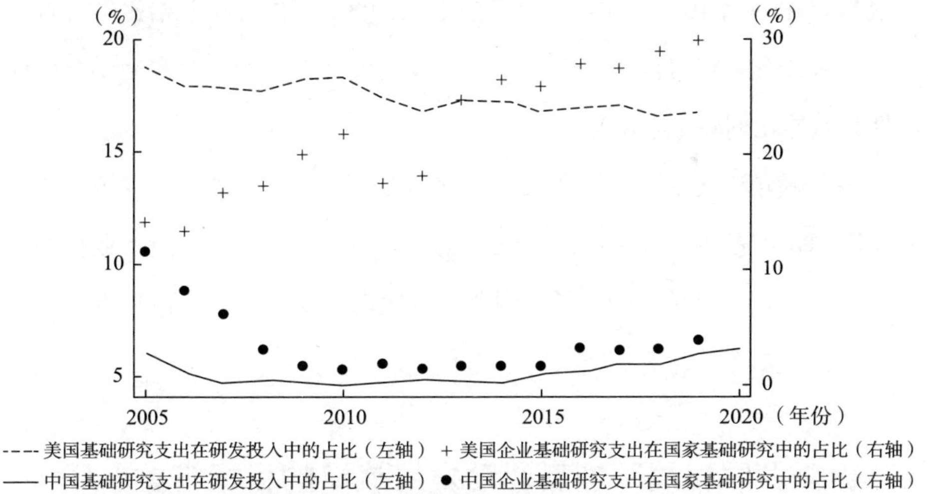

图9　中美两国基础研究支出结构对比

资料来源：经合组织数据库，作者绘制。

2. 创新体系呈现碎片化格局，难以稳固、可持续支撑产业突破性创新

在产业变革背景下，无论是传统产业还是未来产业都面临着重大突破和重组的机遇挑战。一方面，传统产业领域，发展的技术来源、技术路线都面临较大变化。而我国作为后发追赶国家，在许多领域由于行业知识积累不足，难以实现赶超。另一方面，新兴产业领域，我国科学理论和前沿技术短缺问题突出，基础研究相对薄弱、原始创新能力不足。根本原因是体制形成了路径依赖，长期以来造成了科研力量分散、过多关注短平快项目、针对关键核心技术长期攻关的“国家队”缺失等问题。

3. 产学研用通道不畅通，难以支撑产业向全球价值链高端迈进

科技成果就地转化和承接技术转移的能力未充分发挥。我国每年的科技成果转化率为 10% ~ 15%，与发达国家 40% 左右的水平相比仍有较大差距，科技资源优势没有完全转化为产业发展优势。产学研深度融合的前沿性和差异化创新水平不高。

科学研究和技术创新这两大主体部门之间存在显著的隔离现象，要素间作用转化不畅等问题突出。产学研合作项目主要集中在接近产业化的创新链后端，真正应对“卡脖子”问题、有望对产业发展产生颠覆性影响的产学研合作并不多。

二、新发展格局下创新驱动发展战略的目标与重点环节

以创新确保产业链供应链稳定性和竞争力需要实现创新链与产业链的深度融合，既需要降低关键技术的对外依赖度，也需要前瞻性布局未来产业发展的关键性技术和主导性技术，以确保在未来的全球产业竞争中获得先行者优势。

（一）突破技术路线跟踪导致的创新生态固化

供应链的布局是专业化、全球消费市场的接入机会、长期的合作关系和规模经济的综合呈现。全球价值链的知识密集度越来越高，并且更依赖高技能劳动力。而知识密集度高的价值链往往具备特有的生态系统，这些生态系统在特定的地点发展起来，拥有专业的供应商和专业人才。

产业技术创新存在集成演化和迭代机制。关键核心技术创新的系统性、复杂性显著增强，涉及的专业知识领域日益拓宽，又需要使用大量复杂且昂贵的科技基础设施甚至生产设备进行工艺可行性和工程化试验。需构建从基础研究、技术研发、产品应用、市场培育的完整产业创新生态系统，产业链上游研究院所、原材料企业、中游关键部件成员与下游集成企业、配套设备供应商、客户等成员之间交互合作，实现技术与市场精准对接、高效迭代。需在众多产业链体系中的工程化环节，培育中国本土企业整体性、系统性的开发能力。

因此，确保产业链供应链稳定性和竞争力不是依靠单一领域的突破，也不是一项技术进步催生另一项技术进步的自然演化过程，而是在政府支持、市场需求、要素配置等因素作用下，由牵头者组织诸多参与者，吸纳整合多学科、多方面技术知识并进行协同攻关的诱发性过程创新生态。

（二）降低关键核心技术对外依存度

当前全球供应链的安全不再着眼于建立稳定的供需关系，而是建立更加有弹性的供需关系，这要求供应链体系有足够的广度和深度，为避免供应链断链风险、保障产业链安全，构建具备抵御、承受冲击及从冲击中恢复的能力。这需要在关键环节拥有足够多的市场主体，能够为供应链运行提供足够的缓冲空间。其中的关键目标是降低关键技术的对外依存度，完善产业创新链条的关键技术，突破瓶颈。

面临方向性、匹配性、适应性和协调性等方面的新挑战，创新活动需增强对产业基础性、底层性技术的支撑，增强产业链供应链的韧性。

（三）实现优先领域前沿突破性创新

一方面，我国经济进入新阶段意味着内需对产品和服务的质量要求在快速提升，并且与国际先进的距离在快速缩小。我国产业与国际产业间的技术代差在快速缩小，所以我国在优先领域的创新必须要向基础性创新、引领性创新转型。经过多年持续积累，我国量子通信、5G 等领域已开始挑战重大前沿科学问题。

另一方面，全球科技创新进入空前密集活跃的时期，前沿技术呈现集中突破态势，多个技术群相互支撑，全面涌现的链式发展局面正在形成。众多颠覆性创新呈现几何级渗透扩散，实现优先领域的技术突破有可能引领战略性新兴产业技术在众多领域实现加速发展，并以革命性方式对传统产业产生全面冲击。

（四）培育战略性新兴产业的主导设计与技术

未来，在部分产业关键领域或将形成多元化技术和标准体系。主要经济体之间的科技竞争趋于长期化，在战略性新兴产业领域获得主导设计将取得技术先发优势，形成技术壁垒，确保产业发展的可持续竞争力。在创新产品的主导设计尚未形成时，技术和市场的不确定因素较多。在主导设计的技术路径依赖下，技术轨道的前进方向具有不可逆转性，实现技术轨道之间的跨越也十分困难。

出于战略和安全考虑，主要经济体已经开始在关键数字技术领域谋划自己的技术标准体系，未来全球在数字技术部分关键领域的技术和标准体系或将呈现多元分化态势。我国应在新兴产业领域布局，以确保产业链供应链的竞争力。

三、科技创新支撑产业链供应链稳定性和竞争力的政策建议

新发展格局下需要面向产业链上下游高端环节强化科技攻关，对可能断供的产业链重点环节加紧部署创新链，在充分利用全球创新资源、产业资源的同时，提高我国国内产业链的自主保障能力。

（一）建立科学与产业的更紧密联系，完善国家创新生态系统

聚焦基础研究—应用基础研究—应用开发研究—中间试验研究—工程化研究—产业化研究的全创新链过程（见图 10），重塑国家创新生态系统，推动创新的资源、制度、基础设施和人才的聚集，形成政策、科学、技术、产业协同演化的“创新生态系统”。加快政府资助研究成果的商业化进程，使企业更好地承接研究部门的知识产出，消除创新链条上工程化、产业化开发环节的断层。

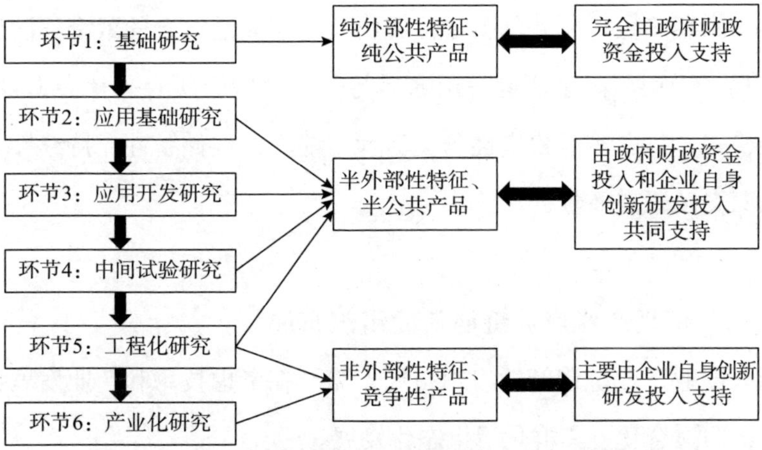

图 10　围绕打通创新链各环节重塑国家创新生态系统

资料来源：张杰，《构建中国国家战略科技力量的途径与对策》，2021。

提升从基础研究到应用基础研究再到中间试验研究的整体性、系统性的自主开发能力，建立以融合化—集群化—生态化为主线的长效机制。充分激发政府和企业在基础研究领域的可持续投入动力和活力，全面创新、整合和优化我国当前的科技创新资源配置体制与机制。

（二）建设“卡脖子”环节攻关的新型举国体制

新型举国体制建设核心在于构建“国家战略科技力量 + 企业技术创新能力”一体化体系。塑造以“国家实验室、国家重点实验室、国家工程中心或大学等专业化科研机构 + 现代化产业体系”为主导的体系。

要充分发挥国家实验室、国家重点实验室、公共科研机构研发力量雄厚优势，构建学科集群主导型的创新联盟。可采取“国家重点实验室 / 国有科研机构 + 企业会员 + 政府补贴”的形式。改善以往产学研合作中业余兼职、咨询服务，单一性成果转让或者合作开发等形式，建立起目标更为综合、长期、集成式的合作关系。

要建立以专业管理机构为依托，战略目标为导向，项目经理人为核心，“多阶段、组合式”资助为特点的项目资助与管理体制。应依据所在领域生命周期阶段、所处创新链位置及其与产业链结合的紧密程度进行差异化布局，采用“国家所有—国家运行”或“国家所有—社会力量运行”等多种模式，打造兼具稳定性与灵活性、前瞻性与储备性、持续性与动态性的纵深交叉研究平台。

（三）新兴产业产业链创新的组织布局

新兴产业产业链创新的组织布局，需要在考虑技术和产业发展特点的基础上，向融合化、集群化、生态化发展。

一是加强前沿技术布局，构建跨领域的创新产业集群。基于产业和技术发展趋势的预测，采取超前布局和动态调整相结合的重大科技专项布局方式，有效应对未来科技发展的不确定性。从基础前沿、重大共性关键技术到应用示范进行全链条设计，加速基础前沿最新成果对创新下游的渗透和引领，构建一批各具特色、优势互补、结构合理的战略性新兴产业集群。

二是建立工程化和产业化平台，促进科学研究与产业化技术融合。一般新产品开发需要经历技术研发、工程化和产业化 3 个阶段，大致分别对应技术成熟度的 1~3、4~6 和 7~9。当前研发活动主要集中于高等院校和科研院所，目前各种政策体制均不利于此阶段工作的开展，需建立工程化和产业化平台进行支持。

三是培育围绕关键共性技术的产业创新生态。通过税收激励等措施调动企业自主研发积极性，推动关键技术创新要素市场化配置，实施关键核心技术“赛马”和“揭榜挂帅”制，强化创新链与产业链对接，推动科研机构按照产业需求进行创新和科技成果转化，提高产业链关键环节的科技供给能力，保障产业链供应链安全。

四是增加创新开放性，构建多元化的技术路线。推动以用户为中心、多元主体参与，在更大范围合作的开放式创新等新模式。以互联网核心平台为纽带，实现“生态型共建”。激发自下而上的创新活力，加强研发活动的合作。构建良好的创新生态，集聚整合创新资源、提高创新效率。

（四）传统产业链创新的组织布局

传统制造业的创新与效率提升对确保产业链供应链稳定性和竞争力具有重要作用。要利用传统产业发展优势和超大规模市场优势引导传统产业向数字化、精细化、品牌化、专用化和集群化发展。

一是在大企业技术升级的过程中，为中小企业创造市场和技术条件，培育大批“专精特新”企业。鼓励和促进中小企业实施专一化发展战略，做“配套专家”，形成小而强、保持高经营自主权的发展路径。

二是以数字化推动传统产业转型升级，促进数字技术与传统产业的深度融合。充分发挥数字经济的产业赋能作用，鼓励传统产业应用数字技术助力实体经济转型升级，促进制造业产品与传感器、物联网、大数据等技术的集成和跨界融合创新，提升产品数字化、网络化、智能化水平。

三是围绕区域优势产业布局创新链，加快延伸拓展产业链，构建特色创新型产业集群。围绕区域内优势教育科研资源和产业发展布局产业共性关键技术。建立“企业出题、高校院所破题”的产学研用合作模式，推动建立“高校院所 + 技术平台 + 产业基地”的创新链条。

执笔人：王芳

参考文献

[1] 麦肯锡全球研究院. 中国创新的全球化效应[R]. 2015.

[2] 麦肯锡全球研究院. 全球价值链的风险、韧性和再平衡[R]. 2020.

[3] 秦铮，周海球，刘仁厚. 后疫情时代全球科技创新趋势与建议[J]. 全球科技经济瞭望，2021（8）.

[4] 史丹，许明，李晓华. 推动产业链与创新链深度融合[N]. 经济日报，2021-12-1.

专题报告三

以绿色低碳转型提升我国产业链供应链稳定性和竞争力

近年来，随着全球对气候变化问题的重视和更有约束力的碳排放目标被确立，以及碳关税等相关政策工具不断被纳入政策视野，各国产业的低碳化越来越成为产业竞争力的重要方面。我国要尽快适应这一趋势，尽早转型，充分利用我国的规模优势和产业基础能力齐全等优势，在绿色低碳转型中取得更加有利的竞争地位，利用低碳转型的机遇进一步增强我国的产业竞争力，提升产业稳定性。

一、绿色低碳已经成为全球产业发展的重要趋势

工业革命以后，全球经济获得了极大的发展，人类生活水平和物质积累的速度比工业革命前有了翻天覆地的变化，但也带来了全球大量的温室气体排放和越来越明显的气候变化问题。近年来，推动各国产业向绿色低碳转型已经成为全球的共识。

（一）工业革命以来全球经济快速发展伴随着温室气体排放急剧增加的代价

根据安格斯·麦迪森的统计，全球经济在工业革命以前一直处于马尔

萨斯式的增长过程中，全球人均 GDP 基本维持在 500 ~ 600 国际元（1990 年价格），只有在工业革命以后才出现了持续快速增长，到 20 世纪初，全球人均 GDP 达到 1500 国际元，到 21 世纪初接近 6000 国际元，而到 2013 年，已经超过了 8000 国际元（见图 11）。

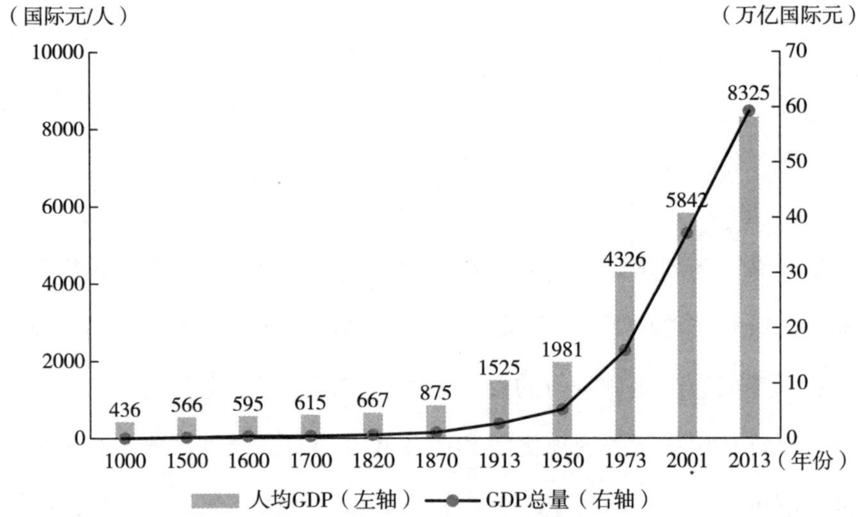

图11　全球长期经济增长情况

资料来源：安格斯·麦迪森，《世界经济千年统计》，北京大学出版社。

传统经济增长模式下，快速经济增长伴随着大量的化石能源消费和相应的温室气体排放。根据世界银行统计，1971 年，全球能源产量为 58.8 亿吨油当量，到 2012 年增长到 131.6 亿吨油当量。从温室气体排放看，1960 年时，全球每年向大气中排放温室气体 270.6 亿吨，而到 2018 年时，每年温室气体排放量已经增长到 458.7 亿吨。

（二）全球应对气候变化的责任和意识推动绿色化低碳化发展

不少研究发现，工业革命以来的温室气体排放与全球气候变化之间存在高度相关性。一些国际机构研究认为，1750 年产业革命以来的 200 多年间，全球燃烧化石能源排放的二氧化碳累积达到了 1.22 万亿吨，仅在

1906—2006 年，全球温升达到 0.74℃。2007 年联合国政府间气候变化专门委员会（IPCC）第四次评估报告指出，人类排放的二氧化碳很可能是全球气候变化的主要原因（彭近新，2012）。

1992 年联合国环境与发展会议期间，参会国签署了《联合国气候变化框架公约》，这是世界上第一个应对全球气候变暖的国际公约，标志着国际社会对气候变化达成了共识，并开始付诸实际行动。1997 年《京都议定书》在《联合国气候变化框架公约》的基础上，规定发达国家从 2005 年开始承担减少碳排放量的义务，而发展中国家则从 2012 年开始承担减排义务。《京都议定书》还规定发达国家 2012 年要实现在 1990 年基础上减排 5% 的目标。

《巴黎协定》首次确定了在 21 世纪下半叶实现温室气体净零排放的目标，也开启了全球产业绿色低碳转型的新时代。2015 年，第二十一届联合国气候变化大会在巴黎召开，《联合国气候变化框架公约》近 200 个缔约方一致同意通过《巴黎协定》，提出要把全球平均气温较工业化前水平升高控制在 2℃之内，并为把温升控制在 1.5℃之内而努力。还提出全球将尽快实现温室气体排放达峰，21 世纪下半叶实现温室气体净零排放。2021 年 11 月，在英国格拉斯哥举行的第二十六次联合国气候变化大会上，进一步就《巴黎协定》实施细则等核心问题达成共识，开启了国际社会全面应对气候变化的新征程。

（三）我国确定了2030年前碳达峰和2060年前碳中和的目标

2014 年 6 月中央财经领导小组第六次会议提出了“四个革命、一个合作”的能源安全发展新战略，指明了中国新时代能源发展的方向；2020 年 9 月，习近平在第七十五届联合国大会一般性辩论上发表重要讲话，指出中国二氧化碳排放力争于 2030 年前达到峰值，努力争取 2060

年前实现碳中和[①]，进一步明确了中国能源发展目标。从碳中和的时间目标看，我国完成工业化进程比发达国家晚了数十年，但实现碳中和的时间仅比一些发达国家晚10年，这无疑显示了中国巨大的发展努力和将对全球绿色发展的重要贡献。

二、绿色低碳水平将成为产业竞争力的重要内容

（一）低碳化将越来越成为国际竞争力的重要内容之一

碳关税的征收问题已经日渐成为世界各国争论和博弈的焦点。随着全球应对气候变化行动不断深入，各国产品的低碳化正在成为国际贸易的关注点之一。早在1975年，Markusen就提出了通过征收碳关税防止“碳泄漏”的问题。Markusen认为，各国在碳减排政策方面宽严程度不一，可能会带来“碳泄漏”的问题和不公平竞争的问题，即假设某地区制定了严格的排放政策而其他地区没有这种政策，则本地高耗能企业就可能将生产或者工厂转移到该地区之外，使得减排政策效果打折扣，造成“碳泄漏”问题。另外，不对等的环境约束将对各地企业的竞争力造成影响。

欧美等国家和地区正在推动将碳关税从理论变成实际，各国产品的绿色低碳竞争力将逐步在国际贸易中体现。2021年7月，欧洲议会公布了碳边境调节机制的提案，计划自2023年起逐步引入碳关税，并于2026年起实施。欧盟碳边境调节机制表面上是防止“碳泄漏”，实则是保护传统产业竞争力的同时通过绿色产业带动欧盟经济复苏，抢占国际气候规则制定的主动权。2009年6月，美国通过了《清洁能源安全法案》，规定从2020年开始，将对未达美国碳排放标准的进口排放密集型

---

① 《习近平在第七十五届联合国大会一般性辩论上的讲话》，《人民日报》，2020年9月23日。

产品征收高额的碳关税。虽然此后并未实际执行，但2021年，拜登政府已经开始考虑征收碳关税。

不少跨国公司已经制定了全产业链低碳转型的规划，并对产业链上的所有企业提出了要求。2020年7月苹果公司发布《2020年环境进展报告》，计划未来10年内，所有业务、生产供应链及产品生命周期将净碳排放量降至零，实现碳中和。按照计划，苹果公司将在2030年前将碳排放减少75%，剩余25%将通过投资自然环境保护项目等方式来抵消。2020年，大众汽车集团提出将通过全产品生命周期碳减排，至2050年在全球范围内实现碳中和，具体措施包括至2025年，在脱碳领域将投资140亿欧元，至2030年，欧洲和南北美洲工厂的电力将切换为可再生能源，以及通过雨林保护计划，或其他可再生能源项目的碳补偿等。2021年，海德堡水泥集团宣布将在挪威Brevik水泥厂建设全球水泥行业第一条全尺寸碳捕集和封存项目，预计每年可以捕集40万吨二氧化碳并永久封存。该项目预期可以减少该厂二氧化碳排放量的50%。海德堡水泥集团承诺，到2025年，每吨水泥材料的单位净二氧化碳排放量与1990年相比降低30%，最晚在2050年提供碳中和的混凝土。

（二）我国产业在低碳化发展方面存在不小的挑战

由于能源禀赋以煤为主，产业结构中传统重化工业比重较高，我国经济在低碳转型方面任重而道远。虽然自20世纪90年代以来，我国单位GDP能源消耗量有非常显著的下降，每千美元GDP消费的能源从1990年的538.7千克石油当量（本段的能源强度单位相同，GDP为2017年不变价购买力平价法）下降到2019年的150.6千克石油当量，能耗强度平均每年下降4.5%。但是，与其他国家相比，我国的单位GDP能源消耗量仍然明显偏高，不仅显著高于美国（2019年为110.4千克石油当量）、英国

（2019 年为 59.2 千克石油当量）、德国（2019 年为 69.7 千克石油当量）等发达国家，还显著高于巴西（2019 年为 95.9 千克石油当量）等发展中大国（见图 12）。

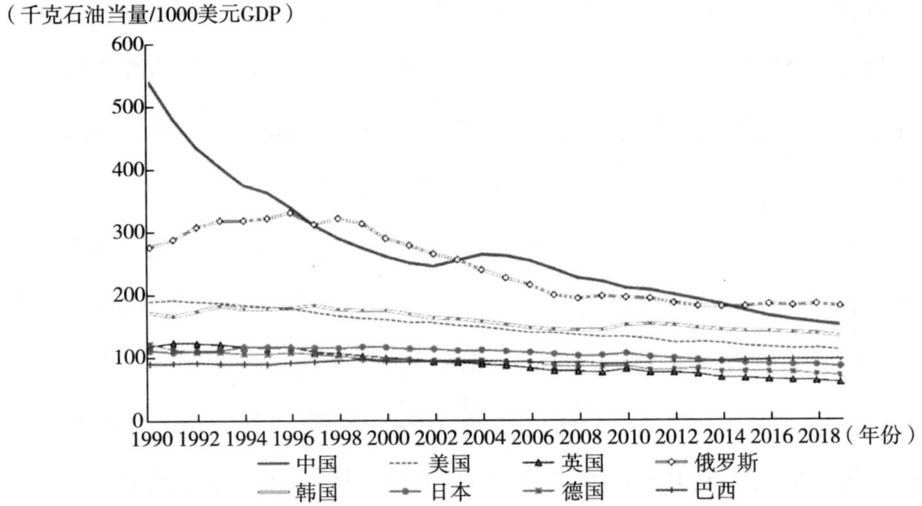

图12　部分国家单位GDP能耗的比较

资料来源：Wind。

从制造业单位增加值能耗水平的比较看，我国产业低碳化转型任务也很艰巨。工业领域是能源消耗的主要产业，制造业则是工业中参与国际竞争的主体。制造业单位增加值能耗的水平主要与产业结构及制造业生产效率有关，其阶段性变化主要与工业化阶段有关。以高技术、高附加值为主的国家的制造业单位增加值能耗普遍较低，反之则较高。处于工业化早期和中期的国家，随着重化工业比重提升，单位制造业增加值能源有可能增加，而已经完成工业化的国家，这一指标往往基本稳定并随着技术进步而缓慢下降。各国横向比较看，我国制造业能源效率处于中游水平，显著低于印度和越南等后发国家，低于能源资源丰富的俄罗斯，但仍普遍高于发达国家。2018 年，中国的单位增加值能耗为 1.0 帕焦 / 亿美元增加值，约为俄罗斯的 1/3，为美国、法国的 2 倍（见图 13）。

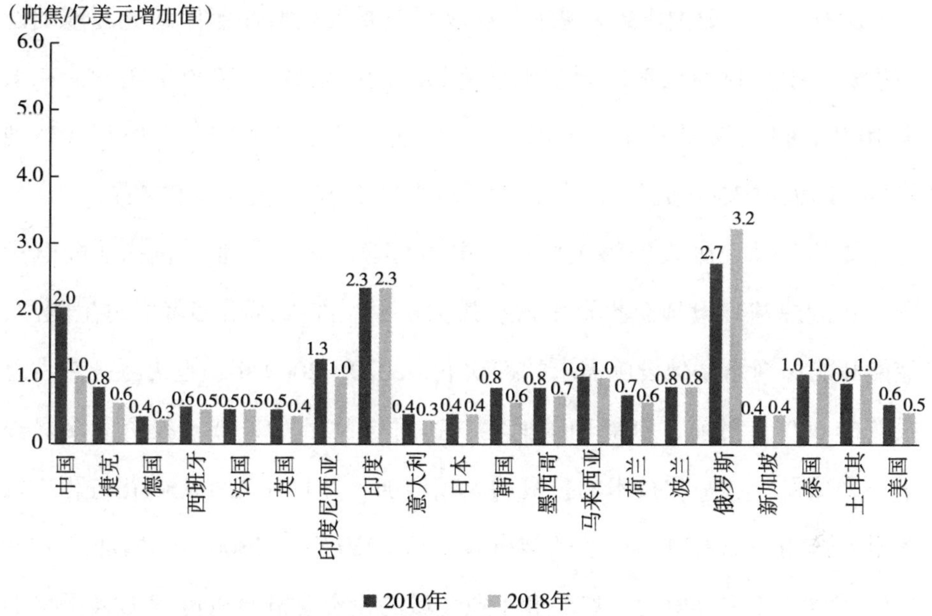

图13　2010年和2018年部分国家单位制造业增加值能耗的比较

资料来源：WDI，EIA，CEIC。

三、绿色低碳转型是我国进一步提升产业竞争力的重要机遇

我国已经明确提出要在2030年前实现碳达峰，2060年前实现碳中和，与发达国家相比，从碳达峰到碳中和的时间大大缩短，这对我国产业发展提出了重大挑战。但在全球各国均面临绿色低碳转型的挑战下，我国特有的产业基础优势和超大规模优势如果能够充分发挥，仍然可以成为再塑产业链竞争力的重要机遇。

（一）超大的工业规模有助于分摊巨大的绿色转型成本，有可能形成新的成本优势

1. 绿色低碳转型需要巨大的成本投入

根据国务院发展研究中心和壳牌国际联合研究的初步成果（壳牌国

际，2021），未来中国要实现净零排放，需要大幅增加年度新能源基础设施投资。中国目前在新能源基础设施领域的投资约为2000亿美元。在未来10年，投资需要增加到3400亿美元/年，并且在21世纪30年代达到峰值，即大约3600亿美元/年，然后减少到2750亿美元/年左右。

能源基础设施投资将主要用于电力行业。电力行业（包括输配电投资）在能源基础设施总投资中占有最大份额。在大规模部署可再生能源、储能和能源网络基础设施需求的推动下，2020—2060年，电力系统约占总投资的60%。目前，氢能和碳捕集、利用与封存（CCUS）投资大多局限于小型项目。这两项技术的投资均大幅增加，并且在工业去碳化进程中发挥重要作用。随着电力行业的装机容量从2020年的1800 GW增加到2060年的8300 GW，仅电力、燃料和工业领域的投资总额至少可达12.4万亿美元（2020—2060年累计投资额）。

对于规模较小的经济体而言，绿色低碳转型所需要的能源基础设施投资规模会相应缩小，但仍然会存在较大的固定成本，单位GDP所需要的能源基础设施投资将高于我国。新能源基础设施建设中存在不少的研发和固定成本，比如光伏、风电等新能源并网上存在一定的规模收益，区域越大其电力的稳定性越高；能够吸纳高比例可再生能源的新型电力系统具有较大的外部性，较小的经济体将存在规模不经济的情况，氢能等基础设施的研发和投资也将存在规模经济性等。作为超大规模经济体，我国在这些方面都具有不小的规模优势，单位GDP的新能源基础设施成本将可能相对较低，从而成为我国的一个新的比较优势。

2. 我国工业低碳转型具有规模化优势

在从采用脱碳技术形成的规模经济中获益方面，中国处于独特的优势地位。虽然工业脱碳必然会产生成本，但中国庞大的国内市场也为建立低碳竞争力提供了机会。例如，电解槽和碳捕集等支持工业脱碳的关键技术将通过规模经济，产生巨大的成本削减潜力。利用这些规模经济可显著降低低碳钢生产成本。

钢铁行业在低碳化发展中的规模优势也非常突出。尽管目前中国生产的大多数钢材在国内市场销售，但随着国内需求开始放缓，出口的重要性可能会提高，而鉴于钢铁行业利润率较低，要在国际舞台上取得成功，低碳钢的竞争力至关重要。将碳捕捉及封存技术应用于高炉，可实现 11% 的成本削减；使用氢能直接还原铁，可实现 20% 的成本削减。这将降低钢铁的绿色溢价，使之逐渐获得与传统炼钢工艺相比的竞争力。由于拥有庞大的国内市场，中国在利用规模经济方面处于独特的优势地位。

更多采用环保和节能保温等低碳化新材料，是实现绿色低碳转型的重要路径，我国巨大的工业规模有助于降低新材料的成本。无论是在建筑交通等重要耗能领域，还是在最终工业品或消费品行业，必须充分采用低耗能材料，而不少低耗能新材料价格相对较高，因此相对于使用传统材料的下游生产企业，更多使用低碳材料的下游生产将面临更高的成本，这被称为“绿色成本”。加快实现这些低碳新材料的规模化生产和创新发展将有助于降低材料价格，有助于降低采用这些新材料的“绿色成本”。例如，通过实现新材料的规模化生产，使用低碳钢制造汽车产生的绿色成本可降低 50%，而使用低碳水泥建造房屋产生的绿色成本可降低 25%。假设生产商将绿色成本转嫁给最终消费者，那么总体新增成本约为汽车总成本的 1%。虽然这是一个相当低的水平，但中国汽车和建筑市场激烈且不断加剧的竞争状况意味着不断降低绿色成本非常重要。新材料生产效率提高和成本下降还可使某些最终产品对消费者更具吸引力。在交通运输部门，新材料效率可降低车辆运营成本：通过优化材料效率，轻型车每年燃料成本可降低 8%，从而提高制造商的竞争力。虽然电动汽车的燃料节省结果无法直接换算，但轻量化可提高其续航里程，并使其对消费者更具吸引力。

（二）绿色低碳化改变了不少现有产业的技术路线，培育了新的发展赛道

在化石能源为主导的工业化时代，很多工业产业形成了稳定的技术路线，特别是在中高端产品上，发达国家积累了先进而深厚的材料、机械、装配、零部件等系列化知识优势，后发国家很难追赶和领先，而绿色低碳化时代，不少产业的发展形成了新的技术路线，这将会给后发国家带来新的发展机遇。这方面，汽车产业的核心部件，发动机的转型就是典型的案例。

传统的汽车发动机领域，我国与世界先进水平相比仍然有一定差距。汽车发动机是传统燃油汽车的核心部件，无论是普通车还是豪华车，发动机成本都要占到整车成本的 12% ~ 18%，发动机的性能决定了汽车的动力性、经济性和环保性，是车企视为“心脏”的核心技术。中华人民共和国成立后，我国汽车工业从无到有迅速发展，市场需求也快速扩大，自 2009 年国内销量超过美国后，已经成为全球最大的汽车市场，2020 年我国汽车销售 2531 万辆，超过全球第二的美国（2024 万辆）和第三的日本（459 万辆）之和，国内市场发展也带动了汽车发动机水平快速提升。当前，我国汽车自主品牌中的国产奇瑞第三代 1.6 T 发动机、长安“蓝鲸”2.0 T 发动机、吉利 2.0 T 发动机虽然都有着不错的性能，但和国际知名汽车厂商的发动机进行对比，其在稳定性、燃油使用率以及耐用程度上还是有不小的差距。背后原因在于汽车整体技术是设计、制造、材料等一系列技术的综合体现，比如发动机的耐用性，其差距缘于钢材料金属、合金比例、稀有金属混合制造的能力，以及发动机气缸套和活塞的匹配度等。而发动机的功率输出、稳定性输出和由于零件的精细程度不同所产生的公差

数值有关系。这一系列综合技术是需要长期积累和提升的，后发国家追赶过程一般都比较缓慢。

新能源车的动力电池和电机等技术取得了一定的优势地位。由于新能源汽车技术与传统燃油车技术有较大差异，燃油车生产过程中涉及的变速箱、发动机等核心技术，传统车企在新能源领域的先发优势不复存在。我国产业技术水平已经居于世界前列。以动力电池领域为例，中国已经抢占新能源技术部分输出高地。在锂电池技术领域，宁德时代、比亚迪等公司已经是世界级行业龙头，出货量世界领先。2019 年宁德时代及比亚迪的市场份额分别以 50.58% 及 17.28% 占据市场前两名。随着 2019 年 10 月宁德时代德国工厂开工及 2020 年 3 月比亚迪刀片电池的发布，在电池行业中国制造已经具备国际先进水平。SNE Research 公布的 2020 年全球动力电池装机量数据显示，2020 年全球动力电池总装机量达 138GW・h，同比增长 17%。其中，宁德时代以 34GW・h 的装机量再次稳坐第一名。同时，比亚迪、远景动力（合资）、国轩高科、中航锂电等多家国产厂商名列前茅（见表 6）。

表6　　2020年全球动力电池装机情况

企业	装机量（GW・h）
宁德时代	34
LG化学	31
松下	25
比亚迪	10
三星SDI	8
SKJ	7
远景动力（合资）	4
国轩高科	3
中航锂电	3
其他合计	13

资料来源：中国电动汽车百人会，《中外电动汽车关键技术对比研究》。

我国电动汽车的电机技术也处于国际前列水平。我国在电机行业有较好的发展基础，加上国内在稀土等材料上有比较强的供应链，目前我国的新能源汽车电机行业处于全球一线水平。根据中国电动汽车百人会的研究，我国电驱动方面在功率密度、系统集成度、电机最高转速、绕组制造工艺、冷却散热技术等方面基本处于国际一流水平（见表7）。

表7　　国内外车用驱动电机技术现状

技术指标	国内驱动电机	德国宝马i3	美国通用Bolt	美国Remy HVH250-90	日产Leaf
峰值功率（kW）	128	125	130	82	80
最高转速（rpm）	12800	12800	8810	10600	10390
峰值转矩（N·m）	270	250	360	325	260
峰值效率（%）	97	97	97	97	97
功率密度（kW/kg）[1]	2.3/3.8	2.3/3.8	2.6/4.6	2.44	1.5/2.6
转矩密度（N·m/kg）[2]	4.3/7.1	5.2/7.6	7.1/12.7	9.70	4.7/8.5

资料来源：中国电动汽车百人会，《中外电动汽车关键技术对比研究》。

注：[1]功率与总质量比值；[2]转矩与总质量比值。

（三）绿色低碳化发展为不少新兴产业带来了全新的发展机会

在全球绿色低碳转型的背景下，一系列新兴产业将迎来发展机会。在这些新兴产业上各国处于相同的发展起点，拥有更多的发展机会。例如，近年来我国光伏等新能源产业的发展。

我国光伏产业已经实现产量和装机量规模全球第一。根据李美成等（2021）的统计，2007 年我国太阳能电池的产量已位居全球第一，此后继续保持全球第一。截至 2018 年底，我国光伏组件的累计产量占全球光伏组件总产量的 2/3 以上，多晶硅产量连续 10 年位居全球第一。我国光伏制造企业的规模和实力也位居全球前列。2020 年，我国光伏发电的新增装机容量达到了 48.2 GW，已连续 8 年位居全球第一；截至 2020 年底，我国光伏发电的累计并网装机容量达到了 253 GW，已连续 6 年位居全球首位。

我国光伏产业已经实现了全产业链的自主可控、部分环节全球领先的成绩。得益于良好的政策环境与技术积累，我国在硅材料生产、硅片加工、太阳电池制造及光伏组件生产等环节已经具备了成套供应能力。我国光伏产业已形成了完整的产业配套设施，包括光伏专用设备、平衡部件和配套辅材辅料等，并且产业链各环节的规模也实现了全球领先。在全球光伏产业的各个产业链环节（包括多晶硅、硅片、太阳电池、光伏组件、逆变器）前十位中，我国企业几乎占领了整个版图。在部分光伏设备制造环节，我国的设备在生产效率、生产精度等方面也居于全球领先位置。

四、促进我国产业绿色低碳转型的政策建议

我国已经制定了碳达峰和碳中和的目标，但同时也面临能源结构以煤为主的现实制约，特别是工业领域当前还存在脱碳技术不成熟、脱碳成本过高等诸多制约因素。要推动我国产业发展的绿色低碳转型，提升产业的绿色竞争力，需要切实贯彻落实国家相关规划和政策，从政府、企业和个人多方共同努力，推动全社会的绿色低碳转型。

一是加强科技研发创新能力。不同产业的低碳化转型任务不同，挑战不同，有的需要采用不同的生产工艺，有的需要采用不同的技术，有的需要提高能源使用效率。但总体上，各产业都要充分认识到绿色低碳转型的历史要求，要制造本产业或本企业的绿色低碳化发展战略，加强技术研

发，通过管理精益化、技术先进化，节能和技术创新多措并举，尽早进行低碳化转型。

针对当前许多脱碳技术不够成熟的情况，建议政府加大支持力度，既鼓励研发机构对相关技术进一步发展，也支持企业对尚处于早期阶段的、缺乏成本竞争力的脱碳技术进行试点应用，通过应用不断优化完善相关技术，推动产学研用深度融合，鼓励有关行业协会、社会团体、骨干企业共同建设创新基地、联合实验室等合作平台，提升研发效率。推动建设一批科技成果应用示范工程，发挥示范引领作用。除了碳捕捉及封存技术、氢能相关技术外，还需要加大对工业领域电能替代相关新材料、新装备等的基础技术研究，加大电能替代关键技术、核心装备攻关力度，为重点工业领域提供电气化解决方案。

二是加快实施能源革命战略，推动现代能源体系建设。要实现产业绿色低碳转型和经济增长的平衡，离不开丰富的低碳能源供应。我国能源资源以煤为主，近年来光伏、风电等零碳可再生能源发展较快，但仍然面临可再生能源的间歇性和消纳能力问题。今后既需要不断加大可再生能源的发展，包括进一步发展水电、核电等清洁能源，提高零碳能源的生产能力，更要加大新型电力系统的建设，加大对可再生能源消纳能力的技术研究，建立更加高效、坚强的智能电网，通过为产业发展提供可靠的低碳电力，为产业绿色低碳转型提供根本性支撑。

三是要加大对碳交易、碳税和能源价格体系等市场化政策工具的研究和推广执行力度。推动绿色低碳转型，需要充分发挥政府的支持和引导作用，更需要充分发挥价格等市场化机制的引导作用。建议加大电价改革力度，科学核定输配电价，将电能替代配套电网建设投资作为国家政策性重大投资纳入电网企业有效资产，将配套电网运营成本足额纳入输配电准许成本。完善售电侧峰谷分时电价，适当扩大峰谷电价差，推行售电侧、上网侧联动的峰谷电价机制。

另外，还要加快推进电力市场建设，支持电能替代项目参与电力市场中长期交易和现货交易。制定建立电能替代项目电量绑定新能源发电量机制。加快绿色债券市场的建立和基金发行，多渠道吸引社会资本，推动工业领域电气化市场化发展。当前，我国全国性碳交易市场已经开始运行，但还需要尽快总结经验，并尽快扩容，把更多高耗能产业纳入碳交易的框架中。此外，还要进一步推进能源价格体系的优化，利用有效的价格体系增强低碳、零碳能源的吸引力，引导更多的社会资源投入低碳能源的生产和供应中，引导企业和居民更多地节约能源，更多使用低碳能源。

四是构建支持低碳工业产品的消费市场。要大力促进低碳工业品的需求，培育有利于工业低碳化发展的外部环境，为此，要建立相关标签和标准，以确保所有用户都能够识别低碳工业产品。提供经独立验证的可靠信息，是刺激低碳产品需求的首个关键步骤。这些标签和标准应当旨在区分最佳绩效或创新型方案。还要积极通过标准来引导需求，例如，政府可以调整产品的能效标准、建筑和材料的低碳标准等，通过标准不仅可促进工业生产部门的减排，还可促进整个供应链的减排。在公共采购中尤其要注重增加对低碳材料的购买，形成示范效应。

执笔人：许召元

参考文献

[1] 安格斯・麦迪森. 世界经济千年统计[M]. 伍晓鹰，施发启，译. 北京：北京大学出版社，2009.

[2] 李美成，高中亮，王龙泽，等. “双碳”目标下我国太阳能利用技术的发展现状与展望[J]. 太阳能，2021（11）.
[3] 壳牌国际. 新能源基础设施融资——氢能、生物能源和电气化投资路线图（工作报告）[R]. 2021.
[4] 彭近新. 全球绿色低碳发展与中国发展方式转型[J]. 环境科学与技术，2012（1）.
[5] 中国电动汽车百人会. 中外电动汽车关键技术对比研究[R]. 2018.
[6] Markusen, J. R. International externalities and optimal tax structures. Journal of International Economics, 1975.

专题报告四

以数字化、平台化发展提升我国产业链供应链稳定性和竞争力

科技革命是推动产业变革的先导性力量。过去几十年，信息化助推了全球化发展，并引发了全球产业链形成等一系列重大变化。当前，数字化、平台化正在全球范围内加速发展，已经开始显著改变很多重要产业链供应链的物质形态和价值形态。对我国而言，需要顺应时代发展变化，加快推进数字化、平台化转型，并以此提升产业链稳定性和竞争力，为实现全局目标奠定更坚实的基础。

一、数字化、平台化发展是大势所趋

数字经济是以数据资源作为关键生产要素、以现代信息网络作为重要载体、以信息通信技术的有效使用作为效率提升和经济结构优化重要推动力的一系列经济活动。数字经济成为继农业经济、工业经济之后的新经济形态，也成为新一轮科技革命和产业变革的典型特征。数字化发展带来的一个重大变化就是平台化，两者是高度关联的。

（一）从全球看，数字化、平台化发展持续加速

根据国际数据公司（IDC）研究报告，2020 年全球数字化转型技

术和服务支出增长10.4%，达到1.3万亿美元。从2018年开始，全球1000强企业中已经有67%的企业启动数字化转型战略，数字化转型成为企业培育发展新动能的重要途径。全球前十位最高市值企业中，数字经济企业数量由2008年的1家增加至2019年的8家，市值占比跃居87.1%，数字经济已成为驱动全球经济发展的重要引擎（见图14）。

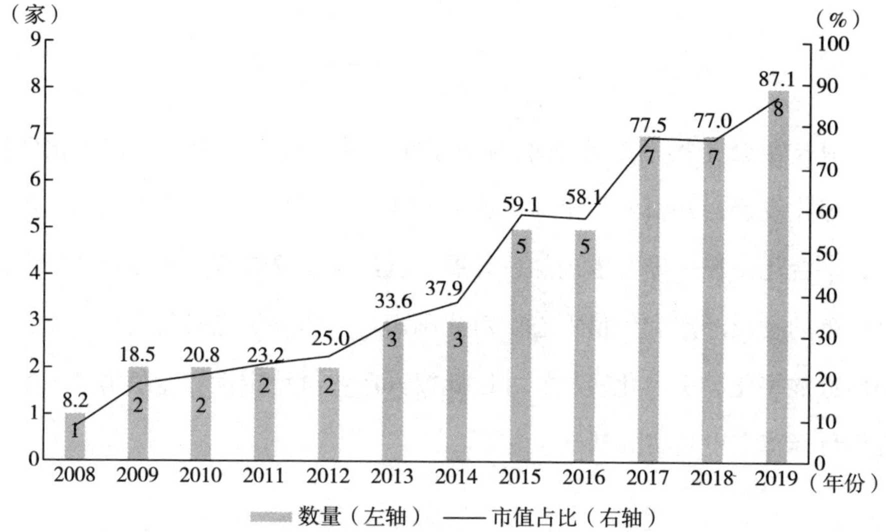

图14　全球市值前十位企业中数字平台的数量与市值占比

资料来源：中国信息通信研究院，作者整理。

随着数字经济发展、智能技术应用、分工协作模式演化的持续推进，平台经济迅速崛起，逐渐成为推动数字经济与产业发展的重要力量。数字平台基于互联网与大数据和算法等数字技术，连接两种以上不同类型（边）的用户群体，高效率且规模化地匹配零散需求与供给，具有强劲的网络效应，类型几乎涵盖生产生活的方方面面（见表8）。

表8　　全球典型平台企业

类型	美国	中国	英国	日本	韩国
搜索	谷歌	百度	UK Key	Goo、日本雅虎	NAVER
电商	PayPal（eBay）	阿里巴巴	ASOS、ShopDirect	乐天、Mycloset 租赁平台、Laxus 在线租包平台	Coupang
社交	Facebook、领英（LinkedIn）	微信、微博、陌陌、抖音	WhatsApp	LINE	Kakao Talk
金融	Trade Station、Kickstarter	支付宝、陆金所	Funding Circle、Rate Setter	Monex	Toss
物流	Blue Apron、Fresh Direct	菜鸟网络、丰巢	Ocado	雅玛多	CJ大韩通运
健康服务	Healthgrades、Zocdoc、Vitals	春雨医生、丁香医生	TPP	ALLM	–
制造业	GE Predix	车联网（上汽集团）、树根互联	The Floow	Toyota Rental Car Services	Ocean 研发创新平台（三星）
文化创意	Time Warner	喜马拉雅、知乎	Creative England	电通集团	–

资料来源：国务院发展研究中心产业经济研究部，《平台经济的发展与规制研究》，2019年。

（二）从国内看，数字化、平台化发展已成为新引擎

我国数字经济蓬勃发展，成为当前最具活力、最具创新力、辐射最广泛的经济形态。据统计，我国数字经济规模已由 2015 年的 18.6 万亿元增长到 2020 年的 39.2 万亿元，占 GDP 比重由 27.5% 上升到 38.6%，增速远高于同期 GDP 增速（见图 15）。2020 年我国产业数字化规模达 31.7 万亿元，占数字经济比重达 80.9%，产业数字化已成为经济增长的强大引擎。

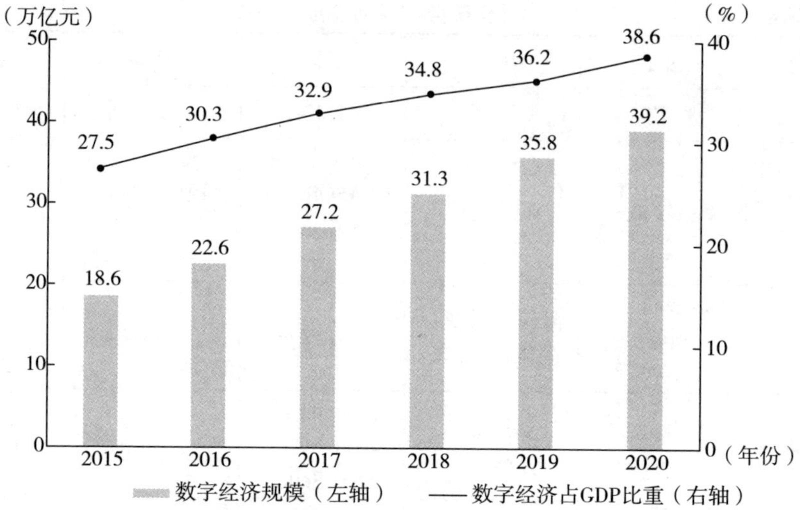

图15　2015—2020年我国数字经济规模及占GDP比重

资料来源：中国互联网协会，作者整理。

数字化平台作为数字经济时代重要的创新模式，与传统企业有显著差异，如成长极为迅速、运营成本比传统企业更低、客户黏性高等。2015—2019年，我国市场价值在10亿美元以上的平台数量增长了近200%，市场价值处在前十名的平台市值占据70%左右的市场份额（见图16）。

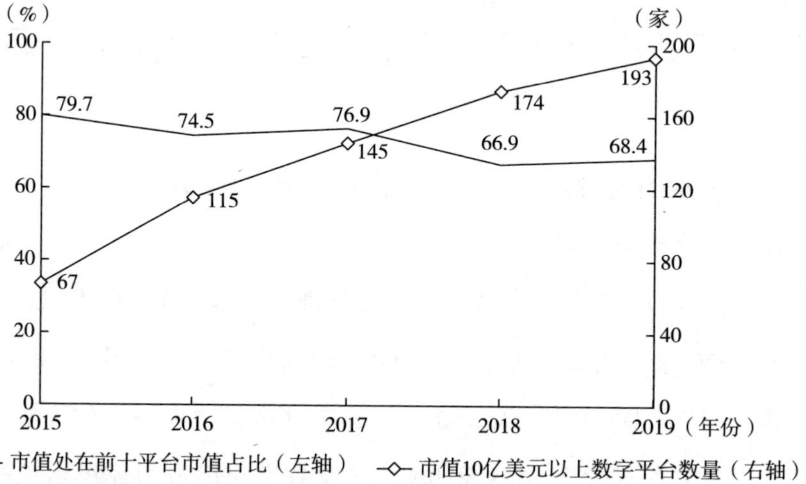

图16　我国市值10亿美元以上数字平台数量和市值处在前十名的平台市值占比

资料来源：中国信息通信研究院，作者整理。

数字化和平台化相互交织融合，是实现数字经济与传统产业链深度融合的重要途径，是新时代背景下推动高质量发展、打造我国产业链数字生态新优势的必由之路。一方面，数字化转型是推动产业链现代化发展的重要抓手。随着数字技术的蓬勃发展及其在产业经济领域的融合应用，数字化转型已然成为重塑产业链分工协作新格局、推动我国产业链迈向全球价值链中高端的新动能。产业链数字化既是产业链现代化的本色体现，也是产业数字化发展的必然结果。另一方面，平台化发展是产业链数字化转型的主要实现方式。平台在我国不同领域发挥信息聚合、资源共享和交易服务的功能，为生产和服务持续赋能，是产业链数字化转型的“工具箱”。培育产业链平台化发展生态，是加快推进产业链数字化转型的重要路径。

二、以数字化、平台化发展提升产业链供应链稳定性和竞争力

以数字化技术为代表的一系列新兴技术的创新发展和扩散应用，极大提升了人类采集、分析、应用数据信息的能力，拓展了人与人、人与物之间的连接范围和深度，再度将人类从一般性工作中部分解放出来，进一步发展了社会生产力。加快实现数字化、平台化发展，在很多领域可以发挥提升效率、促进创新和分散风险的作用，还改变了一些领域产业链供应链的现有形态。

（一）显著提升生产制造效率

数字化技术工具的广泛应用，推动了传统生产的生产线设计、工艺参数设定、物流供应、人与机器协同等诸多业务活动，由实物模拟向数字仿真转变，在很多重要产业领域都产生了重要影响。

先以飞机生产制造环节为例，上游企业可以基于数字孪生技术，建立不同工况条件、不同场景的复杂模型，模拟真实世界的制造设计，在数字世界对飞机进行全生命周期各项活动的仿真分析和评估，过去必须在真实世界里执行的飞机测试工作现在能够在数字世界里完成，大幅提升生产制造全生命周期效率，实现生产过程快速迭代和持续优化。

再以汽车产业为例，产业数字化转型的过程框架主要分为三大层结构：一是以研发、制造和服务为基础的物理层，也是汽车产业最主要的核心业务层；二是基于数字化技术的平台层，通过互联网平台对数据进行集成、处理和计算；三是由数字资产形成的数字层，是汽车产业的物理层通过数字化技术到虚拟空间的映射，实现汽车产业的虚拟制造的全过程。总的来看，数字化是实现该框架体系的关键，包括 4 个核心技术要点：一是智能产线和智能装备，涵盖了自动化生产线、工业机器人和 AGV 等智能化生产要素；二是工业互联网，用来收集和传输汽车产业物理层的数据；三是工业大数据平台，用来对采集的数据进行处理和分析计算，形成数字化信息；四是虚拟仿真技术，用于基于数字化的虚拟汽车生产全过程的仿真。

类似的重要例子还有很多。通过对积累的产业知识的软件化或者通过机器学习掌握生产过程中的规律，可以用人工智能系统替代过去机械化或人工从事的工作，大幅提高设备运行效率。比如，图像识别是人工智能相对成熟的细分领域，通过对制造过程中的产品（钢水、液晶面板等）图像与其质量关系的历史数据进行分析，可以生成一套用于该工序的人工智能算法，借助图像识别判断产品的质量。再如，通过对生产过程各种设备、各个环节产生的数据进行分析和参数优化，能显著提高产品良率、降低物料损耗。阿里云就帮助保利协鑫苏州多晶硅切片工厂优化工艺参数，使切片工厂的良率提高了 1 个百分点，实现每年节约成本 1 亿元。

（二）推动产业链形态发生变化

一方面，数字化转型能提升产业链分工前端包容性。在数字化技术条件下，过去几十年分工深化的趋势进一步延伸与发展。例如，在产品设计环节，由于数字化工具的应用，设计方案进展可以实时在各地传输，更多的研发主体和研发人员参与其中，全球24小时不间断研发成为可能。在生产制造环节，更加广泛的智能互联体系助力工厂、设备之间解决“信息孤岛”、质量监控等问题，同时极大地提升中间品贸易的便利性，使得企业能够进一步充分利用各地的生产要素禀赋，推动经济从主要依靠人力和资本等生产要素投入向全要素生产率驱动转变，赋予生产要素新的内涵与活力。例如，德国洪堡工厂通过制造执行系统（MES）等技术，以传感器读取零件上射频识别芯片上的数据并传输到数据平台，将零部件、机器、生产管理、运输车辆、工人甚至产品相互连接，极大地提升了生产效率，降低了零部件库存率。

另一方面，数字化转型还会缩短产业链中间环节。数字化生产经营方式使得终端生产与消费之间的环节被压缩。在传统模式下，终端产品与消费者之间存在多个流通环节，消费者与生产企业之间相互割裂。在数字时代，移动互联网、电子支付方式的普及推动信息及时传播，大幅降低了生产端与消费端连接的成本，提高了上下游企业连接的便捷性，推动生产和服务模式发生转变。数字化的普及不仅提高了前端产业链的包容性，也缩短了上游企业与下游企业、终端生产与消费之间的环节，提升上下游活动的运营效率，显著改变了产业链、价值链的构成和特征。以美的电器为例，构建数字供应链预测市场消费趋势，优化中间仓储环节，商品从入仓到送入消费者手中，过去需要30～45天，现在仅需要28天左右。

（三）形成全产业链有效协同

数字化平台以产业链终端用户为中心，展现出不同于传统模式的新形态。传统的生产经营模式主要以产品为中心，使用传统的、支撑性的信息化工具或技术，实现单域的管理运营，形成单向线性的产业链条。相比之下，数字化平台通过云计算、大数据、物联网、边缘计算、人工智能等，实时监控与分析产业链终端需求情况，以海量用户数据反哺产业链上游的设计环节，形成全链条协同发展的闭环网状生态。

通过协同产业链上各方资源，数字化平台能助推企业实现定制化生产，提供差异化需求解决方案。以海尔智能互联工厂为例。该工厂有三大基本特征：一是定制，将用户碎片化需求整合，实现大规模定制，由为库存生产到为用户创造，用户全流程参与设计、制造等，把用户由消费者变成创造者和生产者。二是互联，包括内外互联、信息互联、虚实互联。三是可视化，全流程体验可视化，用户实时体验产品创造过程。用户可以实时查看产品制造的每一个步骤，包括何时排产、何时上线、何时发货，甚至能追溯到目前产品在生产线上相对应的位置，将生产工厂全面透明化，提升用户使用体验。

总之，这些互联网平台通过实现“软件、硬件、网络、数据”系统集成，有助于打通原本存在的各类“数据孤岛”，促进全系统、全价值链、全产业链和产品全生命周期的互联互通，进而催生大规模个性定制、网络协同制造、服务型制造、智能化生产等新模式新业态，推动生产要素和生产体系全局性优化。

（四）在多层次多链条上分散风险

有利于分散企业内部运营风险。在决策方面，平台化协作模式极大地拓宽专家咨询范围，云计算和大数据分析能加快决策过程，这有助于降低决策风险、压缩响应时间。信息与通信技术的应用还能打破时间和空间的限制，降低企业内部子公司之间、部门之间、上下级之间的沟通成本，使扩大企业规模、延伸企业边界和缩减层级等具备可能。同时，利用大数据、机器学习等进行数字化建模，以精准的数据分析替代笼统的经验判断，还能提高企业内部资源配置效率。

有利于分散产业链上各企业风险。以工业互联网平台为例，有助于打通产业链、供应链、价值链上下游企业，助力企业对物流、资金链、信息流统一管理，提升产业链上下游协同调整能力；设备、产品、业务系统上云，能打破企业之间的“数据孤岛”，降低信息不对称，提升企业间交易效率；上下游企业得以精准对接供需资源，降低搜寻成本；工厂设备的运行情况趋于透明化，企业间合作伙伴能更好地监督、跟踪订单状况，降低追踪成本。同时，平台化发展有利于企业对上下游供需波动及时反应并做出调整方案。比如，如果出现上游企业供应零部件不足的情况，企业能够借助网络化协同的平台，及时调度其他渠道的资源，保证产业链供应畅通。此外，企业能够通过设备共享、产能共享、技术服务共享等共享制造模式，开放闲置资源和能力，加速共享经济在制造业转型中的渗透与融合，降低企业运营成本，分散资源贬值风险。

有利于分散国际产业链波动风险。我国 2020 年成为全球唯一实现正增长的主要经济体，产业资源在线调配、协同制造、产能共享、跨域协作等数字化生产新模式发挥了重要作用，形成了一个更加完备灵活的制造业体系。

三、推动数字化、平台化发展仍面临一些突出问题

（一）数字产业化基础相对薄弱

数字产业化无疑非常重要，但如果缺少高水平、高质量的数字产业化基础或者两者之间无法形成良性互动，其发展早晚会遇到很大的瓶颈。目前来看，我国面向数字化、平台化发展的关键核心技术还存在不少“卡脖子”问题，突出表现为：工业用芯片、软件、传感器等关键技术和产品自主创新能力仍旧不足；关键系统、软硬件核心技术自主创新能力仍然不足，在超大规模集成电路、航空发动机、数控机床、先进材料、生命健康等一些关键领域推进数字化转型任重道远；工业大数据、工业云等工业互联网关键技术、平台和应用仍处于起步阶段，规模体量偏小、功能发挥偏弱，等等。这是多方面原因造成的，包括积累时间仍然较短，最高水平领军人才还比较少，资金、人才、装备等各方面创新资源投入还有限，研发投入中基础研究比例偏低等，但形势发展变化要求必须加快解决。

（二）区域和行业发展较不均衡

从区域来看，与地区经济发展基本特征类似，数字化转型也整体呈现“东强西弱、南强北弱”的特征，广东、上海、北京、浙江、江苏等地推进较快，而其他区域相对较慢，个别区域差距还比较大。尽管作为一个相对较新的事物，这种推进节奏有一定的合理性，但从更好发挥国内大市场优势、实现区域均衡发展的角度讲，需要予以关注和解决。

从行业来看，目前科学研究和技术服务业，信息传输、软件和信息技术服务业等数字化转型整体成效相对较高，制造业处于中间位置，而交通运输、仓储和邮政业，住宿和餐饮业转型整体成效相对较低（见图 17）。

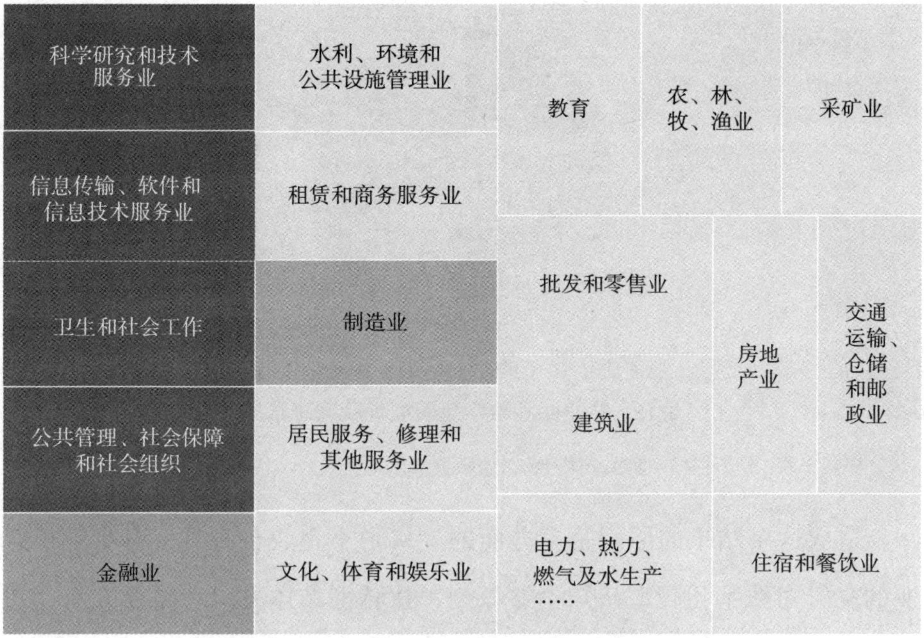

图17　不同行业数字化转型综合评价矩形图

资料来源：毛基业等，《中小企业数字化转型现状研究》，2021年。
注：上方矩形图中颜色越深、面积越大代表该行业数字化转型成效越好。

（三）中小企业转型进展缓慢

目前我国中小企业整体仍处于数字化转型初期，大多数企业对于数字化仍在探索阶段。企业内部之间、产业链上下游之间、跨领域各类生产设备与信息系统之间还存在很多割裂的“信息孤岛”，数字化产业链和数字化生态未完全建立，无法形成协同倍增和集群效应。根据第四次全国经济普查对 2608 家中小型制造企业的调查，89% 的中小企业处于数字化转型探索阶段，8% 的中小企业处于数字化转型践行阶段，仅有 3% 的中小企业处于数字化转型深度应用阶段（见图 18）。

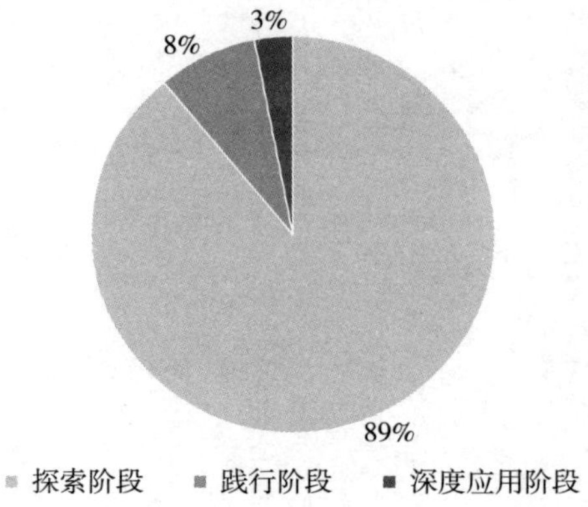

图18　中小企业数字化转型现状调研结果

资料来源：作者根据第四次全国经济普查数据整理。

造成这个结果的原因是多方面的。从中小企业自身看，不少中小企业的高管对数字化转型认知不够深刻，在转型具体方向和路径方面存在疑惑，而且很多中小企业并未建立数字化人才培养体系，其生产、运营等环节都缺乏数字化人才的支撑。加之新冠疫情后中小企业发展面临较大经营困难，数字化转型通常不在最优先事项上。从外部环境看，国内还相对缺乏具备整体综合解决方案和全领域覆盖能力的龙头企业，特别是具备工业技术与信息技术双重竞争力的领军型企业，以龙头企业带动上下游中小企业转型的模式还不成熟。同时，目前市场上的数字化转型服务商大多只能提供通用型解决方案，与中小企业个性化、低成本转型需求之间的匹配还不顺畅。

（四）工业互联网平台建设推广任重道远

工业互联网平台是工业互联网的中枢，覆盖贯穿了从研发设计、生产制造到经营管理、市场服务的全过程、全流程、各环节，是制造业全产业链生产要素的态势感知和资源配置枢纽。建设工业互联网平台对推动产业链数字化转型有着重要意义。目前，我国正进入工业互联网平台快速发展期，生产制造领域已出现 70 多个具有一定行业、区域影响力的工业互联网平台。

与此同时，工业互联网平台渗透应用不够普遍、参与企业不够广泛、合作内容不够深入的问题仍然比较突出，目前主要还是围绕流通、销售、服务等外围环节，研发和生产端的合作仍亟待提升。其原因主要有两个方面：一方面，制造业特别是先进制造业通常技术门槛较高，细分领域之间有很大技术差别，如以人工智能为核心的服务机器人与以控制为核心的工业机器人虽都是机器人，但技术实现大有不同，互联网企业与服务机器人企业的合作模式难以简单移植到工业机器人方面。传统制造业企业往往受到重资产拖累，在未见到成熟案例时不敢轻易开展网络化转型与合作。另一方面，制造业往往投入成本高而收益回报期长，且难以达到消费互联网应用动辄千万甚至上亿的用户规模，网络效应难以充分发挥，因此大部分互联网企业不愿涉足。此外，互联网企业能力提供与制造企业业务需求不匹配。互联网企业提供的平台和服务往往是通用性的，但制造业门类众多，行业和企业特性需求庞杂，且越向研发生产端延伸，特性需求越多。出于成本、技术考虑以及自身能力制约，互联网企业整体还难以满足制造企业实际需要。

四、推动数字化、平台化发展的政策建议

（一）加快突破关键核心技术

更好协同我国制度体制、市场规模、人才积累、基础设施等各方面优势，更大程度激发全社会创新创造活力，构建关键核心技术攻关的高效组织体系，充分发挥国家实验室、国家科研机构、高水平研究型大学、科技领军型企业等的作用，改革创新科技计划项目立项、组织和实施方式，不断完善“揭榜挂帅”“赛马制”等新机制，力争尽快在数字技术战略前沿取得更大突破性进展，夯实数字化、平台化转型发展的数字底座。加强政

产学研合作关系，实现创新供给和产业需求密切对接，发挥产业需求对技术创新的反向牵引作用，引导骨干行业更多采购国产装备、材料、芯片、系统等，扩大国产产品的市场空间，加快试错过程和迭代进程。加快制定数字化、平台化发展标准，统筹考虑关键性领域、基础性领域产业链的标准体系建设及推广工作，发挥标准对创新的引领作用。

（二）加快推进工业互联网发展应用

强化供给侧的能力，优化数字服务商主体，包括数字工程总包商、行业工业互联网平台、数据价值应用开发商和专用软件工具商。大力解决工业场景服务能力不足的问题，提供数字化工程建设（技改）的专项政策，做好区域、行业垂直平台的建设。借助大力发展工业互联网平台的机会，“以面带点，以应用促进基础”，以“应用与基础并重”的发展方式，鼓励有实力的企业往前端探索，与高校、院所联合开发。以数据流通为抓手，优先建立行业标准，加大“数据圈”之间的流动和合作。以数据流通作为一条主线，鼓励和推动企业间形成各种“数据圈”的合作，建立一种“共建共用”的互惠数据流通体系。先在区域内，包括产业园区、特色小镇、工业密集区，通过跨设备、跨系统、跨厂区的全面互联互通，实现全要素以数据形态在整个产业链的流动，再以数据流带动技术流、资金流、人才流、物资流，构建数据驱动的网络化工业生产制造体系和服务体系。找出关键技术节点，分任务、分系统进行部署，将工业互联网平台体系建设，与我国工业的基础短板、共性技术、“卡脖子”工程结合在一起，一体谋划和推进。

（三）大力支持中小企业转型创新发展

引导龙头企业构建基于工业互联网平台的产业链生态，推动形成大企业建平台、中小企业用平台的协同发展机制。加快建设面向中小企业的数字化转型公共服务平台或中小企业智能化数字化赋能体验中心。汇聚各类解决方案提供商和产品展示，整合供给侧资源，打造供给侧企业的协同攻关平台，高效、直观、便捷对接中小企业智能化数字化促能力提升需求。打造数字化转型赋能中小企业典型标杆，分行业培育一批中小企业数字化示范标杆企业，集中数字化转型智慧和力量，加大“专精特新”中小企业、专精特新“小巨人”企业培育力度，带动其他行业推广应用数字化新技术、新模式。适当加大财政资金支持力度，研究设立专项扶持资金，用于广大中小企业数字化建设的项目资助、教育培训、考核奖励等方面的资金支持。同时制定信贷政策，鼓励银行等金融机构对中小企业数字化过程中的贷款需求进行支持。通过政府购买服务，构建以高校、技工院校、金融机构、培训机构、企业等为主体的智能制造咨询顾问团队，为中小企业提供免费顾问咨询和诊断服务。

（四）加快建设多层次人才体系

中短期内要对企业开展员工培训和提升给予支持，中长期内还是要改善教育体系，加大相关人才培养力度，优化人才发展环境。鼓励支持各类企业打造懂制造业、懂信息技术、懂经营管理的复合型专业化人才队伍，形成一批领军型人才。鼓励企业大力引进数字人才，在地方重点产业紧缺人才计划中予以优先支持，对在智能化改造和数字化转型中做出突出贡献的高端人才予以奖励。引导企业对职工加强专业培训，提高职工的信息化技术素养，培养懂专业、精操作的实用型人才。加强职业教育中的数字化相关学科体系和人才培养体系建设，支持企业与学校开展智能化改造和数字化转型实训平台建设。支持各地依托当地产业发展实际需要，积极建设人才实训基地，培养更多实操性人才。定期组织专业性、针对性、实效性、指导性强的数字化相关培训，尤其要为中小企业之间进行学习交流提供平台。鼓励用人单位打破地域、身份、人事关系等刚性制约，抓住当前有利时机，以多种方式引进国外高水平人才。

（五）打造具有更强创新力、更高附加值、更安全可靠的产业链供应链

一方面，要研究更好顺应新冠疫情后全球产业竞争合作的趋势性变化，瞄准那些具有系统重要性影响的产业竞争新赛道，发挥我国诸多显著优势，抓紧构建起一批面向未来的新兴产业链，重塑国际竞争合作新优势。另一方面，加快启动一批产业基础再造共享项目，更好发挥更高层级制造业创新中心作用，在关键共性技术研发应用上取得突破，不断提高产业基础能力，推动现有产业链持续向中高端环节迈进。与此同时，还要更好统筹发展和安全，在重要行业和关键领域建立必要的产业备份系统，围绕技术、资源、能源等有重点地开展国际产业安全合作，加快形成内外联通、安全高效的物流网络，提升产业链供应链稳定性和竞争力。

执笔人：宋紫峰　孙凤飞

参考文献

[1] 国际数据公司（IDC）. IDC Future Scape: 2021年全球数字化转型预测[R]. 2020.

[2] 国家信息中心，京东数字科技研究院. 中国产业数字化报告2020[R]. 2020.

[3] 国务院发展研究中心产业经济研究部. 平台经济的发展与规制研究[M]. 北京：中国发展出版社，2022.

[4] 中国信息通信研究院政策与经济研究所. 平台经济与竞争政策观察（2021年）[R]. 2021.

[5] 中国信息通信研究院. 中国数字经济发展白皮书[R]. 2021.

专题报告五

新发展格局下制造业强国的“强链战略”与产业组织政策

——优化产业组织提升产业链稳定性和竞争力研究

在新发展格局下，我们需要从产业组织的微观视角出发，以优化产业组织政策为重要手段，以“强链战略”驱动我国制造业的系统性变革，以协同创新取代单兵作战，以开放融合冲破封锁断链，不断优化产业组织和完善产业组织政策，使得中国制造业的产业链供应链更有韧性、更加灵活安全、更具竞争力。

一、“强链战略”背景下的理论溯源与分析维度

从马歇尔 1890 年出版《经济学原理》将组织作为一种新的生产要素算起，产业组织理论已经有 100 余年的演进史。自马歇尔以降，张伯伦、罗宾逊、克拉克、梅森和贝恩、斯蒂格勒、鲍莫尔、威廉姆森、拉丰和让·梯若尔等众多经济学者不断丰富和发展了产业组织理论，形成了包括结构—行为—绩效范式（SCP）、规模经济理论、垄断竞争理论、可竞争市场理论、厂商理论、交易费用理论、契约理论、微观规制理论、新产业组织理论等在内的内容充实、体系严谨、成果丰富的规范性产业组

织理论体系和研究框架，这为我们从微观视角理解和研究产业链供应链问题，特别是其背后隐含的市场与企业行为之间的内在逻辑关系，以及产业组织内部运转机理及绩效，提供了可靠而成熟的理论工具。

2014年获得诺贝尔经济学奖的法国经济学家让·梯若尔在1988年出版的《产业组织理论》（*The Theory of Industrial Organization*）中，将博弈论和信息经济学等理论体系系统地引入产业组织理论当中，形成了新产业组织理论，推动了产业组织理论的革新。近年来，产业组织理论是经济学界最活跃、成果最丰富的领域之一。

一直以来，人们对产业组织进行的理论分析，大体是从企业与市场的关系，以及企业之间的关系这两个层面或两大维度来展开的。但是，我们认为，仅从这两个视角出发尚不足以全面理解和把握当前全球性的供应链危机，特别是美国等国家推动的产业链本土化、供应链“去中国化”的现实与未来演进趋势，特别是当外在的、非经济性的政府力量介入正常的产业链布局和运行当中时，企业往往会陷入进退两难的战略选择。在这种情况下，需要我们增加企业与政府的关系，以及企业治理结构和重大决策机制这两个新维度和新视角来丰富我们的研究，这不仅为我国制造业顺利推进“强链战略”提供了坚强的理论支撑，而且具有深刻的现实意义。

（一）企业与市场的关系

通常情况下，特定产业内部各企业之间为适应外部环境变化和市场竞争格局的需要，会根据各自现实条件和目标而采取不同的竞争策略组合，从而形成完全竞争型、完全垄断型、寡头垄断型和垄断竞争型等不同的竞争形态和市场结构。而不同市场结构下，产业链供应链的安全性、稳定性和竞争力会呈现一定的差异性（见表9）。对于我国企业而言，采取何种产业链供应链的应对策略，需要从其所在的特定产业的市场结构出发，从安全性、稳定性和竞争力这 3 个不同的维度和目标进行取舍。

表9　　不同市场结构下的产业链特征

	安全性	稳定性	竞争力
完全竞争	进入门槛低，不存在技术和市场垄断；内资比重越大，产业链主导权越安全；企业竞争激烈残酷，可能出现不正当市场竞争行为，从而伤害产业安全	同业竞争者甚众，替代者随时进入，产业链稳定性不够；每个供应商都面临很大生存压力，面临随时被踢出供应链的风险	企业创新动力强，替代性竞争激发创新活力；由于缺乏行业龙头，产业链易受国外大企业和大资本的冲击与控制；产业链境外布局遇到竞争力不足的困难
垄断竞争	有一定进入门槛，存在市场垄断现象；外资与内资全面竞争，外资占比大的产业安全性降低；垄断企业在市场秩序和产业安全上有主导性话语权	市场有一定替代性，但部分产业由大企业主导；产业链稳定性增强，依附于大企业的中小供应商稳定性增强	创新活动主要由大企业驱动；替代性竞争在大企业一端较弱，而在中小企业一端会不断促使其提升竞争力；外国企业和资本不易进入，转而寻求与垄断企业开展产业链合作
寡头垄断	市场准入门槛较高，产业链话语权被少数几家企业把控，寡头的资本属性、法律和行政力量对产业链安全变得异常重要	少数寡头占据产业链支配地位，产业链稳定性较强；中小企业对寡头企业的产业链依附性更强；国外资本控制本国产业链困难重重	创新活动受到寡头抑制；替代性竞争仅限于全球市场；寡头竞争力强大，足以控制本国产业链并进军海外；因忌惮寡头控制，外国政府会通过法律和行政命令来限制该国垄断寡头进入目标产业链和目标市场
完全垄断	产业链完全由一家垄断企业把控；外国资本难以进入，国内产业链的安全性得到充分保障；但替代性的颠覆性技术出现时，独家垄断也会面临安全性挑战	上下游供应商完全依附于独家垄断企业，而后者对产业链的供应条件、价格、服务等拥有完全的话语权，中小供应商随时可能被踢出供应链，产业链的稳定性受到极大伤害	创新动力大幅度消退且近乎停滞，独家垄断企业感受不到国内竞争压力，但开拓国际市场时会遇到竞争力不足的困难

资料来源：作者整理。

（二）企业与企业之间的关系

具体来说，特定产业内部企业之间为寻求共同的利益而结成相互联系、相互影响的组织形态和互动关系。这种关系是多样化的，既有基于所有权的、纵向的、金字塔型企业集合（集团公司），也有基于契约关系的、横向的、网络型企业集合（企业联合体），还有上述两者兼具的混合型企业集合形态；既有以单极大企业为中心、以众多中小企业为外围支撑的“中心—轮辐式”企业集合，也有大企业与大企业之间相对均衡支撑、相互聚合在一起形成的寡头型企业集合，还有由无数中小企业组成、没有巨无霸式大企业为核心的群星式企业集合；既有本国企业之间的企业集合，也有本国企业与境外企业（包括本国企业跨境投资形成的子企业）之间的企业集合。

一直以来，我们研究企业之间关系大多是重点研究第一种企业集合与组织形态，即少数核心大企业与众多中小企业之间形成的“中心—轮辐式”组织关系。这种关系在大多数行业普遍存在，特别是一个国家内部比较容易通过政府和行业自律机制来协调企业界的行动。但是在跨国投资与贸易活动中，上下游企业分属不同国家，受制于各国贸易管制、产业政策、法律法规等方面的差异性，企业之间的产业链供应链的协调关系就变得异常复杂，各国政府介入上下游企业之间产业链供应链的借口也多种多样。例如，近年来很多国家以危及国家安全为由任意干预跨国企业与本国企业之间业已存在的上下游供应链关系，而且这种干预行为正呈现日益泛化的趋势，给全球投资与贸易的正常运转与经济增长带来严峻挑战。

（三）企业与政府的关系

在现实生活中，政府与企业之间的关系盘根错节，绝非单纯的线性关系和正相关关系。在大多数情况下，企业与“发展型”政府保持紧密沟通与联结，甚至采取共同行动，是一个常态，而且被普遍认为是东亚发达经济体和新兴经济体实现快速发展的秘籍。从优化和提升产业链供应链管理的角度来看，一方面，企业需要及时了解和把握政府发展计划和产业政策的走向，弄清政策意图和内涵，在涉及产业链供应链的重大决策上未雨绸缪，建立预警机制，以避免在产业链供应链方面的重大决策与政府的长期政策导向和公共利益撞车。另一方面，无论是中央政府还是地方政府的管理部门也都有意愿与企业保持紧密和畅通的交流沟通渠道，便于将政府公共政策的意图完整和准确地转达给企业，也便于及时了解企业在产业链供应链问题上的真实诉求，掌握政策落地后的实际效果，以确保政府针对产业链问题而出台的产业政策既对症又见效。

相比于企业与企业之间的关系，企业与政府的关系更加复杂、更加多样、更加不确定。特别是对于企业而言，既要依靠政府、信任政府，又不能依赖政府、等待政府；既要紧紧依靠本国政府的大力支持，深深地根植于赖以生存的土壤和大本营，又要善于与国外大客户所在国的政府管理部门进行有效沟通，避免其全球产业链布局和供应链中断的突发事件袭来，给企业带来重大、不可预见和不可挽回的损失。在企业和政府之间，行业协会是一个重要的沟通桥梁和缓冲地带。无论是企业还是政府管理部门，都应当利用好行业自律组织这个有效的沟通机制，在产业链供应链的重大问题上相向而行。

（四）企业治理结构与企业决策机制的关系

企业的法人治理结构在很大程度上影响企业在产业链供应链问题上采取的策略与应对措施。上市公司由于股权多元化和可交易性，境外资本有可能通过股票交易持有甚至控制特定上市企业的股份，从而干预企业产业链布局、企业重组、组织重构等重大经营决策。而非上市公司的股权结构具有一定的封闭性与稳定性，使其不受境外资本的控制，但对其自身的融资能力提出了一定的挑战，毕竟股权融资较银行融资而言，成本更具优势。除了股权因素，影响企业产业链供应链的重大决策因素还有生产与技术上的严重对外依赖，而且短期内没有其他的替代选项。在同一行业里，为什么面临相同的外部冲击，有的企业愈挫愈强，而有的企业则一蹶不振，差异在于企业策略和企业家精神。

二、“强链战略”的战略方向和总体目标

要提升产业链供应链的稳定性和竞争力，无论是采取何种企业关联关系和组织形态，采取何种市场竞争策略，都应坚持以下几个方面的产业组织优化方向和最终目标。

（一）保障要素供给

从企业角度来看，要确保生产要素供给的安全性与稳定性，特别是技术的自主可控、数据与平台的丰富安全、资本的充足安全以及人力资本的充沛保障等，需要制定和实施一揽子有针对性的计划和行动，包括进行前瞻性的全球战略投资和产业链供应链布局，通过资本控制解决供应链的稳定性问题；与战略伙伴签署长期的供应合约并设置高额的违约金，以巩固上下游厂商的战略合作关系；对核心供应商进行战略投资或进行相互股权投资，进行一荣俱荣、一损俱损式的利益捆绑；对核心供应商进行一体化整合，特别是利用资本市场的力量取得标的企业的控股权；优化产业链供应链管理，瞄准“卡脖子”的核心配套件和外源性技术，尽快进行多元化调整，避免将所有鸡蛋置于一个篮子里。

（二）优化制度供给

对于巩固和提升我国产业链稳定性和竞争力而言，需要我们不断优化政策与制度体系的供给能力与水平。这里有两层含义：一是要培育适应能力，即国内企业在不可预见的制度性因素已经出现，对企业造成了实际性的断链冲击时，要有稳健的处置性预案和及时的补救措施，将断链带来的损害减小到最低程度。二是要培育分级预警和多重防范能力，要善于从制度建设入手，积极构建制度性防火墙，运用经济、法律、技术和行政等手段设置好制度性保护措施。当产业链供应链危机真正袭来的时候，能够有条不紊地应对。

（三）确保全链条稳定与可靠

当发生对产业链供应链的稳定性和竞争力造成重大不利影响的突发事件时，企业要具备在第一时间进行及时处置、积极缓解和有效化解的综合能力。这需要产业链上的各个环节衔接紧凑且灵活富有弹性；需要生产能力充足、持续而有弹性，要保持生产、服务的各个环节处于合理平衡和动态可控的状态；需要确保核心技术、能源、矿产、原材料和关键零部件等来源可靠、供应及时、价格稳定、质量上乘，需要确保生产技术、核心专利、工艺诀窍和产品标准等掌握在国内企业手中。

（四）化解市场约束

在现实生活中，无论是上游厂商还是下游厂商，都会遇到各种经济的或非经济因素（如国外禁运）的影响，造成短期内市场震荡、价格大幅度波动，使得市场正常调节功能失效。市场需求非预期性的剧变，对于任何企业而言都是一种强烈冲击。有的冲击是短期的，如供应链后端企业被前端企业从其传统供应商网络中剔除，使公司核心业务遭受重大挫折。后端企业可以通过扩展和强化其他客户和其他业务来弥补损失。有的冲击是长期的，例如出现了颠覆性的替代性技术和产品（如新能源汽车对传统燃油车的替代），就需要企业未雨绸缪，及早采取应对策略。

三、“强链战略”驱动系统变革

知己知彼，方能百战不殆。为打赢旷日持久的总体战、持久战和攻坚战，我们必须尽快制定和实施旨在提升我国产业链供应链安全性、稳定性和竞争力的“强链战略”，通过优化产业组织这个微观途径，聚焦重点、集中发力、综合施策，助力我国制造强国战略目标的实现。

（一）“取胜之钥”：从意识到行动

对于当前及今后一个时期我国产业链供应链的稳定性和竞争力所面临的各种风险与挑战，无论是政府还是企业，都应当保持战略定力，加强顶层设计、精心组织和系统谋划，找准着力点和切入点，打好政策“组合拳”，实现从战略被动向战略主动的转化。

加强战略研判与顶层谋划。我们要对全球产业链供应链时局保持客观清醒的判断，需要伺机选择、灵活运用各种手段来有效化解困境的策略问题。对于现阶段我们在全球产业链供应链中所处的位势而言，要有充分的物质和精神准备。既不能被动挨打、无所作为，也不能盲目发力、四处出击。要系统谋划、系统推动、系统调控，制定并实施“补短、强基、协同、升级、创新”的五位一体的制造业国家“强链战略”，确保打赢这场产业链供应链的持久战、保卫战、攻坚战。

处理好“四大关系”、锚定“四大目标”。要妥善处理好的企业与市场、企业与企业、企业与政府、企业治理结构与决策机制等四大关联关系和着力点。锚定“四大目标”是指从优化产业组织出发，积极化解产业链供应链困境与危机的4个重要目标，即保障要素供给、优化制度供给、确保全链条的稳定可靠和化解市场约束。

打好政策“组合拳”。要从政策链对产业链和供应链的匹配度和支撑度出发，及时发现政策链中的堵点和难点，及时清理和优化不适应的政策措施，及时响应企业的政策诉求，推动企业之间的战略联合和协同配合，确保政策措施及时、精准和管用。

（二）必须坚持的基本原则

坚持改革开放和经济全球化。要坚定信心，坚守安全底线，坚持久久为功，在更高的战略和历史高度上积极谋划应对和化解产业链供应链的困境与挑战。不能因为暂时的产业链供应链困局而放弃推进全球化的努力。中国参与RCEP和申请加入CPTPP，都是坚定地走全球化道路的重要举措。

坚持以我为主和协同发力。我们要善于汇聚和调动各方力量形成合力，始终坚持把主动权和主导权牢牢掌握在自己手中。外部资源和力量可以为我所用，但不能形成依赖之势，更不能放弃监管，特别是涉及国家经济安全和战略安全的信息产业和数字经济领域。

坚持精准施策和能力提升。在新形势下，对于政府管理部门而言，破解产业链供应链困局的政策体系需要强调精准、精细和精确，精准强调的是路径，精细强调的是措施，精确强调的是效果。需要从政府到企业、从供应侧到需求侧的全方位能力提升。

坚持矛盾导向和战略导向相结合。在产业链供应链问题上，我们既面临着战略性环节被“卡脖子”的短期矛盾，也面临着全链条上自主创新能力不足的长期问题；既需要实现顺畅链条、促进循环的短期任务，也需要确立补链强链、塑造竞争优势的长远目标。

四、打好“强链战略”下的战术“组合拳”

从优化产业组织入手，我们需要推动实施一整套精心设计、协同连贯、激励相容、执行有力，旨在提升产业链供应链稳定性和竞争力的措施体系，并确保这些措施落地、落实、落细，发挥出最大政策功效。

（一）系统谋划、清单管理、协同整合

当前及今后一个时期，我们以优化产业组织体系为抓手来提升产业链供应链的安全性和竞争力，需要自上而下地做好两项工作：一是由国家有关部门牵头进行系统谋划、整合力量、统筹安排和精心组织，特别是瞄准现阶段“卡脖子”严重的环节，按轻重缓急和近中远期提出需要重点攻克的“三张清单”，即问题清单、任务清单和责任清单。针对“三张清单”的要求组建高层级工作专班，统筹协调龙头企业、配套厂商、服务提供商、大学与科研机构、金融机构、标准化机构、行业协会、商业龙头等各方力量，组建战略联合体，提高目标和行动的一致性，保障资源、人力、技术、信息和融资等的可获得性。二是搭建协同网络和沟通渠道，特别是中央与地方之间、各部门之间、各企业之间，要围绕产业链供应链上的“卡脖子”堵点进行专业化分工，各司其职、齐心协力、利益共享，避免内耗。要充分发挥行业协会和战略联盟的独特桥梁、纽带和引领作用。

（二）卧薪尝胆、未雨绸缪、保持定力

面对产业链供应链的短期外部冲击，我们一方面要尽快调动资源、攻关克难、弥补短板、强身健体，培育自主可控的替代性技术，以最大程

度地缓解外部冲击所带来的震荡；另一方面要进行全面体检、系统梳理、查漏补缺、制定预案、分级防控、消除隐患，针对潜在的风险点进行针对性的补强，提高系统的抗风险能力。对于短期内处于被动防守的态势，特别是某些行业的核心技术、关键原材料和元器件、数据库与平台软件、全球客户等仍然被断供和围堵，要有充分的心理准备和物质准备、充足的战略定力和取胜信心。对于新能源汽车等少数处于领跑态势的产业，也不能盲目乐观，要未雨绸缪、夯实基础、强壮体魄。

（三）联合行动、战略联盟、协同作战

要全面突破产业链供应链的危局，靠单边作战、单打独斗肯定是不行的，必须围绕产业链供应链上的核心企业组建战略联合体，特别是产业链上的龙头企业要发挥“链长制”的指挥中心和枢纽平台的功能，与产业链供应链的上下游核心供应商、外围供应商、金融服务商、信息服务商、商业应用厂商等，结成紧密的战略联盟和利益共同体，完善利益分配机制和风险共担机制，各司其职、资源互济、协同发力，尽快攻克我国产业链供应链上最薄弱的环节。政府要承担起强基筑堤、营造环境、积极引导、鼓励创新、规制市场等重要职责。

（四）多链合一、立体作战、合纵连横

强化产业链供应链的安全性、稳定性和竞争力，要始终坚持多链条整合，特别是整合需求链、资源链、数字链、创新链、人才链、资金链和政策链等各种链条，从而形成一个功能互补、相互强化、相互贯通、灵活变通的网络体系。

从波士顿咨询公司发布的2021年创新能力50强企业榜单中，我们不难发现，像塔吉特、沃尔玛、西门子、通用电气、耐克、阿迪达斯、可口

可乐、百事可乐等传统零售企业和制造厂商也位列其中，其根本原因是这些传统制造业和零售业厂商将数字经济与传统业务实现深度融合，特别是大数据和云计算、人工智能等现代信息技术的深度应用，使这些厂商可以更高质量地服务客户的需求。西门子公司旗下的交通部门将关键的轨道交通设施和机车车辆的数据与其云计算系统解决方案相链接，从而使其客户实现更高质量的管理与运营，确保核心业务更安全、更高效，同时又不失灵活性。实际上，这种多链条整合要发挥出更好的功效，离不开软件和硬件的结合。

（五）苦练内功、完善机制、优化治理

从企业角度来看，破解当前全球产业链供应链的困局甚至是危机，归根结底还是要依靠企业自身能力和免疫力的增强。企业应当从资源整合、治理结构、决策机制、竞争战略、薪酬制度、激励机制、风险管理、数字转型、人事制度等方面入手，逐一分析、逐一排查可能存在的影响产业链供应链稳定性和竞争力的因素，并制定详细的应对风险防控预案。特别是完善组织体系和扁平化的决策机制，以确保产业链条上的某一个或某些风险因素出现时，企业能够在第一时间做出反应，第一时间做出决策，第一时间做出调整，第一时间实现脱困。

在企业内部治理结构方面，要协调处理好股东、决策层和经营层之间的关系。要防止企业重大战略决策受股东群体为追求短期利益而干扰企业长远战略实施。

对于战略性新兴产业的龙头企业，要按照国际通行做法，建立引进股权出售、企业重组、控制权转移等重大资产变动的安全性审查机制，防止龙头企业被境外资本收购并垄断国内市场，阻滞行业的技术进步，从而损害国家产业链供应链安全。

（六）强基固本、精准施策、对等反制

鉴于产业链供应链的安全性涉及国家安全，政府采取合理的国家行动和行为约束是必要的。这种国家行动应当在制造强国战略、创新驱动发展战略和网络强国战略等现行战略体系的框架下，在人工智能、高端芯片、飞机发动机、增材制造、生物医药和新材料等重点领域，与国家“工业强基工程”等重大工程相衔接，以智能制造龙头企业、国家工程实验室和行业“隐形冠军”等为平台载体，以“工业强基工程”的重点产品、工艺“一条龙”应用计划示范企业和示范项目为重点，系统推进制造业的国家“强链战略”。

其中一项重要任务就是不断优化产业组织政策，提高政策的集成化、协调性和靶向性，使之更加精准化，更好地服务于提升产业链供应链安全性和竞争力战略目标的实现。要重视综合运用除财税和金融等传统手段以外的其他政策工具，如行政手段、法律手段、市场规制和中介机构的行业协调；要重视政策的有效性，避免稀缺的政策资源流于形式或“撒胡椒面”；要重视对产业组织政策进行定期评估，并依评估结果进行政策的不断调整和优化。

执笔人：石耀东

专题报告六

新发展格局下构建具有竞争力的能源基础设施

能源是经济社会发展的物质基础，能源基础设施是提供、改善能源供给的基本保障。以发展新能源为主导方位的能源变革，正在催生新一轮能源技术革命和生产生活方式的革新。从更长的时间周期和更广的国际视角，顺应大势、防范风险，打造适度超前、具有竞争力的能源基础设施，提供“安全可靠、绿色低碳、成本低廉”的能源，是建设能源强国、提升国内产业链稳定性和竞争力的必然选择。

一、能源基础设施的发展现状

改革开放以来，我国能源基础设施建设快速发展。电力基础设施稳步提升，煤炭基础设施趋于完善，油气基础设施快速发展，新能源基础设施建设加快推进，支撑了能源需求的持续增长，保障了经济社会的稳定发展。

（一）电力基础设施稳步提升

电力基础设施一步一个台阶，全国电力装机容量由1980年的6587万千瓦快速增长到2020年的22亿千瓦，年均增速9.2%，基本解决了长期以来电力短缺的困扰。分结构看，2020年，我国火电（含煤电）、水电、核电、风电和太阳能发电装机容量分别为12.5亿千瓦（煤电10.8亿千瓦）、3.7 亿千瓦、0.5 亿千瓦、2.8 亿千瓦、2.5 亿千瓦。特高压工程建设积极推进，截至 2020 年底，我国已建成“14 交 16 直”、在建“2 交 3 直”共 35 个特高压工程，在运在建特高压线路总长度 4.8 万千米。

（二）煤炭基础设施趋于完善

煤炭生产能力较强，区域布局逐步更为集中。煤炭是我国主力优势能源品种，目前国内煤炭年生产供应能力超过 40 亿吨。近年来煤炭产区集中度大幅提高，2014 年和 2020 年全国原煤产量分别为 38.7 亿吨和 38.4 亿吨。在产量几乎不变的情况下，区域结构发生较大变动，山西、内蒙古、陕西三地的产量占比由 63.1% 攀升至 71.4%。

在运力方面，目前已形成“九纵六横”铁路运输通道和内河沿海水运运输通道的煤炭物流通道网络，依托“公铁水联运”“公铁联运”“铁水联运”等多种运输方式，构成西煤东调、北煤南运的运输格局。2001—2020 年，铁路煤炭货运量由 7.7 亿吨提升到了 17.0 亿吨，年均增速 4.3%（见图 19）。

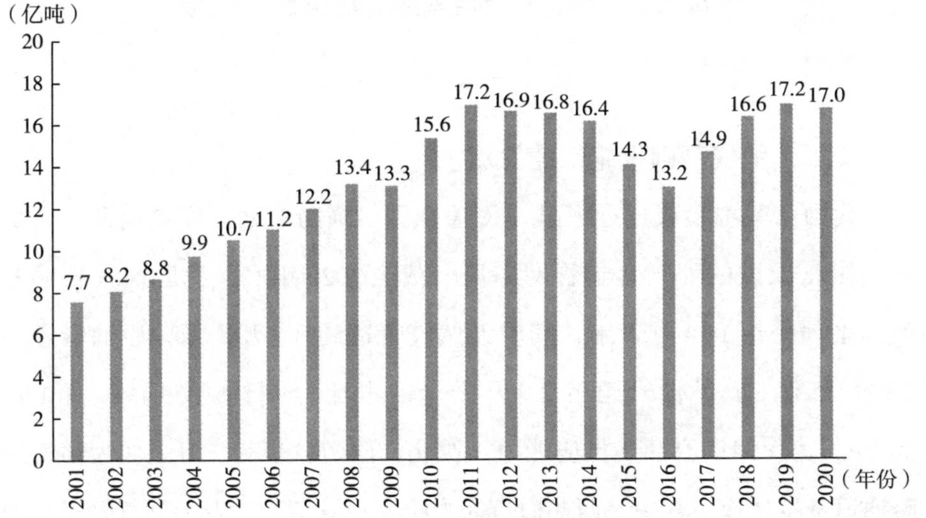

图19　2001—2020年我国铁路煤炭货运量

资料来源：国家统计局。

此外，煤炭港口建设卓有成效。以秦皇岛港、黄骅港、天津港、唐山港为建设重点，在环渤海地区建成世界上吞吐量最大、煤炭专业化程度最高的煤炭输出港群。其中秦皇岛港是中国装载能力最大且最重要的煤炭运输铁路——大秦线的主要中转港口。2001—2020 年，我国主要港口煤炭及制品吞吐量由 3.7 亿吨提升到 16.5 亿吨，年均增速 8.2%（见图 20）。

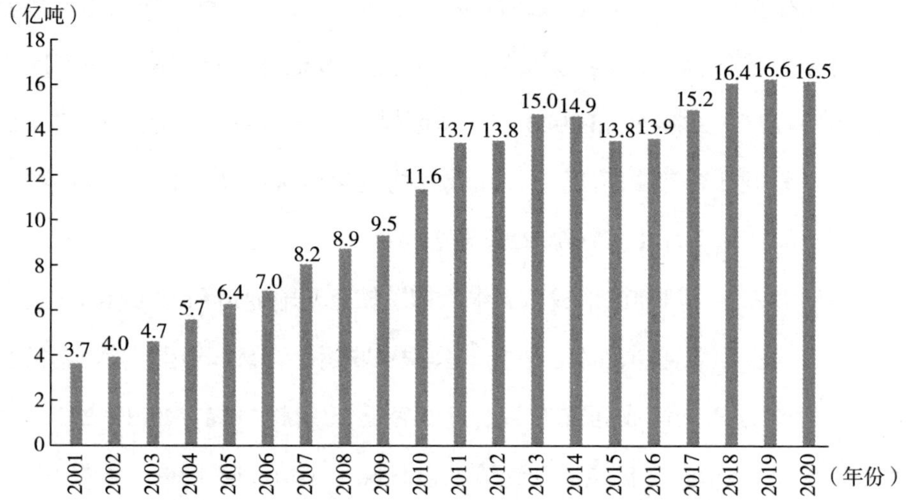

图20　2001—2020年我国主要港口煤炭及制品吞吐量

资料来源：国家统计局。

（三）油气基础设施快速发展

我国已基本形成连通海外、覆盖全国、横跨东西、纵贯南北、区域管网紧密跟进的油气骨干管网布局。截至 2020 年底，我国油气长输管道总里程已达 14.4 万千米，其中天然气管道约 8.6 万千米，原油管道约 2.9 万千米，成品油管道约 2.9 万千米，占比分别约为 59.7%、20.1%、20.1%。为保障国家油气供应能力，西北、西南、东北、海上四大油气战略通道基本建成。其中，西北通道为中哈原油管道、中亚天然气管道；西南通道为中缅油气管道；东北通道为中俄原油管道一线及二线、中俄东线天然气管道；海上通道主要是非洲、南美、中东、澳洲通过海上运输将能源送至东部沿海一带。

（四）电力新能源加快推进

可再生能源基础设施建设持续快速发展。截至 2020 年底，我国可再生能源发电装机容量约 9.34 亿千瓦。其中，水电装机 3.7 亿千瓦（常规水电 3.4 亿千瓦，抽水蓄能 3149 万千瓦），占总电源装机的 16.8%。风电装机 2.81 亿千瓦，近 10 年年均增速高达 24.6%。太阳能光伏发电装机容量 2.53 亿千瓦，自 2010 年来年均增速 88%。生物质发电装机容量 2952 万千瓦。目前，水电、风电、光伏、生物质发电装机容量均居世界首位。

核电基础设施建设稳步推进。截至 2020 年 12 月底，我国在运核电机组 49 台，核电装机达到 5102.72 万千瓦，占总装机容量的 2.3%。目前我国核电基础设施建设已形成“三代为主、四代为辅”的发展格局，并已储备一定规模的沿海核电厂址资源，主要分布在浙江、江苏、广东、山东、辽宁、福建、广西。

（五）非电新能源潜力巨大

非电领域新能源的基础设施建设主要集中在生物质能源和氢能两大领域。生物质能源在非电利用的基础设施建设有待拓展，截至 2020 年底，我国生物质清洁供热约 21 亿吉焦，其中居民采暖 1 亿吉焦（折合采暖面积近 2 亿平方米），工业供热约 20 亿吉焦。2020 年生物天然气产量 1.4 亿立方米、沼肥 106 万吨、生物柴油 120 万吨、生物燃料乙醇 284 万吨。我国制氢基础设施建设持续发展。2020 年我国氢产能约为 4100 万吨，产量约 3342 万吨，是全球第一产氢国，但制氢来源主要为煤制氢，绿氢替代空间巨大。

二、面向未来具有竞争力的能源基础设施的发展特征

能源基础设施用于供应能源，通过提供电、热、蒸汽等发展动力，为产业链供应链赋能。能源基础设施是提升产业链供应链稳定性和竞争力的重要一环，高质量的能源基础设施是产业高质量发展的起点，是经济社会高质量发展的根基。

（一）新发展格局下，能源基础设施的发展面临三大挑战

一是能源安全风险因素持续增加。从国际看，能源领域战略博弈持续深化，能源秩序深刻变化，未来能源安全面临的风险因素将进一步增加。从国内看，随着经济的持续发展，对能源的需求仍将持续增长，能源供应压力仍会持续增大，我国面临能源需求压力持续增大、能源供给制约较多、能源生产和消费对生态环境影响较重、能源技术创新水平仍待提高等挑战。

二是能源基础设施亟待向绿色低碳转型。2020 年 9 月，习近平在第七十五届联合国大会一般性辩论上提出，中国二氧化碳排放力争于 2030 年前达到峰值，努力争取 2060 年前实现碳中和[①]。当前距离 2030 年不到 10 年，距离 2060 年不到 40 年，而能源基础设施的服役年限一般在 40 年左右，今后 10 年将是中国能源基础设施转向绿色低碳发展的关键期。但是，在当前的技术条件下，风、光等可再生能源的波动性、随机性仍未得到有效解决，如不妥善应对系统稳定问题，有可能给产业链供给链的平稳运行带来挑战。

三是国际能源危机不确定性加剧。能源转型走在世界前列的欧洲，在

① 《习近平在第七十五届联合国大会一般性辩论上发表重要讲话》，《人民日报》，2020年9月23日。

2021年出现了严重的能源危机，能源供应趋紧不足、能源价格大幅上涨，并向全球蔓延，给全球产业链供应链造成巨大影响。在外部传导下，2021年下半年，我国液化天然气价格飙升超6000元/吨，与2019年同期相比，价格增长超过50%，给国内产业链供应链的稳定性和竞争力带来了不利影响，放缓了2021年上半年经济快速增长的势头。

（二）着眼提升产业链供应链稳定性和竞争力需求，新型能源基础设施需具备三大特征

安全可靠。我国经济在较长一段时间内仍将保持中高速增长，能源需求仍存在较大释放空间，能源转型应坚持稳字为先、稳中求进的总基调，始终将能源安全摆在突出位置，能源基础设施建设应强化系统思维、底线思维以及前瞻思维，要全国一盘棋统筹能源发展、先立后破，同时适度超前推进新型能源基础设施建设，将能源的饭碗牢牢端在自己手中。

绿色低碳。能源基础设施既要保障能源安全需求，又要坚持面向未来绿色低碳转型的总体站位，紧扣气候韧性特征，弥补仅从保障能源供应出发支撑产业链供应链稳定性的不足，从更长远的产业链供应链竞争力视角审视当前能源基础设施的发展趋势和存在问题，加强绿色低碳能源基础设施建设，促进产业链供应链全面绿色低碳转型，塑造未来发展新优势，提升国际市场竞争力。

供能价廉。新形势新目标新要求下，能源基础设施如何发展，将关乎能源成本的走向。从系统效益和系统安全看，新旧能源转换替代仍是一个长期的过程。能源基础设施建设必须要坚持实事求是原则，坚持以成本最优为出发点，传统能源逐步退出要建立在新能源安全可靠的替代基础上，协调做好传统能源与新能源的融合和接续发展。

三、构建具有竞争力的能源基础设施的发展路径

按照新发展格局下能源基础设施的主要特征，未来应在提升能源基础设施的安全可靠、绿色低碳、融合联动、协同创新等方面持续发力。

（一）提升能源基础设施安全稳定可靠水平

一是筑牢安全底线。如表10所示，2014年以来，我国能源自给率保持在80%左右，为进一步强化能源安全保障，必须把能源的饭碗端在自己手中，将能源自给率提高到85%以上。发挥好煤炭“压舱石”的作用，保障煤炭生产供应，有效发挥煤电基础性调节性作用；继续加大油气勘探开发力度，将石油年产量维持在2亿吨左右的规模，持续增加天然气产量；大力提升风电、光伏发电规模，加快大型清洁能源基地建设，安全稳妥推动沿海核电建设。加快补齐能源基础设施安全领域结构性、功能性防灾短板，加强防灾减灾能源基础设施建设，增强抵抗灾害能力。

表10　2012—2020年我国能源供给情况

年份	一次能源消费总量（亿吨标准煤）	一次能源生产总量（亿吨标准煤）	能源自给率（%）
2012	40.2	35.1	87.3
2013	41.7	35.9	86.1
2014	42.8	36.2	84.6
2015	43.4	36.2	83.4
2016	44.1	34.6	78.5
2017	45.6	35.9	78.7
2018	47.2	37.9	80.3
2019	48.7	39.7	81.5
2020	49.8	40.8	81.9

资料来源：根据国家统计局数据整理及测算。

二是优化能源基础设施配置。着力挖掘存量能源基础设施潜力，以新

技术、新模式拓展能源基础设施发展空间，推进能源供应和运输通道多元化发展，保障能源生产、转换和储运安全。统筹规划布局增量能源基础设施，推进油、气、电输送网络一体化建设，多渠道开拓能源资源，有序推进能源储备基地建设。着力推进存量和增量能源基础设施资源、通道、数据整合共享，提升能源基础设施配置水平。

三是提升高比例可再生能源供应可靠性。加快能源技术创新，挖掘燃煤机组调峰潜力，提升火电运行灵活性，全面提高系统调峰和新能源消纳能力。提升智能电网水平，通过数字基础设施建设响应市场的工业需求和电动汽车充电，释放电力需求的灵活性。大力推进储能发展，挖潜区域电网互济能力，提升电网运行的弹性。构建灵活、实时、稳定的电力市场，构建灵活高效、负荷侧积极响应的系统，实现源网荷储协同互动。

（二）加快能源基础设施绿色低碳发展

一是加快传统能源基础设施绿色低碳转型。加快升级现役煤电机组，提升传统能源基础设施能效水平。进一步强化现役煤电、燃气发电的环保治理水平，深入推进烟气脱硫、脱硝、除尘超低排放治理。加强能源基础设施信息化、智能化建设，建设以电力为核心的智慧能源平台，集合能源生产、输送和消费大数据，构建新型智能调度运行系统，以优化调度促进能源基础设施绿色低碳转型。

二是加快新能源基础设施布局建设。全面推进风电、光伏发电大规模开发和高质量发展，坚持陆上与海上并重、集中式与分布式并举。大力推广光伏建筑一体化技术，创新“光伏 +”模式，推进光伏发电多元布局。积极推进西南大型水电基地建设，优先推进在建水电站投产。保持核电合理布局和平稳建设节奏。统筹协调生物质能发展，加快推进氢能、地热能、海洋能等新能源技术的研发与应用。加快建设新型电力系统，提高新能源涉网技术水平，推动柔性直流输电、局域智能电网和微电网等能源基础设施试点示范。

（三）加强能源基础设施融合联动发展

一是完善电力综合输送基础设施。积极推动电网相邻区域接续外送，优化远距离跨区输电布局；加快送受端区域电网建设，促进供需衔接平衡，加强区域电网统筹衔接。

二是建立互联互通高效油气输送基础设施体系。统筹油田、进口管道、港口、石化基地和储备基地布局，完善原油管道，优化成品油管道布局。加大天然气基础设施建设力度，统筹国际和国内、管道和海运、天然气和液化天然气，推进西气东输、北气南下、海气登陆，完善储气库及其他储气设施建设。

三是加强能源基础设施与交通、信息等基础设施规划衔接、协同布局、共建共享。统筹交通运输网络与油气、电力、煤炭等能源基础设施布局建设。完善天然气能源管道运输网络，推动天然气与氢能基础设施融合发展。加强能源运输与特高压电网建设分工，注重发挥铁路煤运便捷性与跨区输电清洁性的组合优势。充分利用铁路、公路站场及线路两侧闲置空地建设光伏电站，推动交通、物流、市政等存量基础设施能源高比例自给改造。推动5G基站、大数据中心等新型基础设施与分布式可再生能源融合发展，推动各类“新基建”绿色升级。积极发挥新能源汽车对电力系统削峰填谷，加强电动汽车充电桩与电网协调发展。

（四）促进能源基础设施与产业链供应链协同创新升级

能源基础设施具有投资规模大、建设周期长、产业链供应链涉及面广等特点，是协同产业链供应链“共转型、共发展、共创新、共升级”的重要突破口。一是以能源基础设施绿色低碳发展促进产业链转型升级。联合相关企业、科研院所、高等院校等各类创新主体，加快各类能源基础设施共性和个性关键技术攻关及产业化应用，增强产业链供应链自主可控能力，提升全球范围竞争力。二是以能源基础设施优化布局引导先进制造业产业集群，谋划和构建供应链生产组织网络。用好能源基础设施优化布局契机，支持中西部地区精准承接东部产业转移，合理规划区域内产业链布局，加强产业集群分工合作。构建与能源基础设施和产业链优化布局相适应的供应体系，促进上下游供应链融通发展。

四、构建具有竞争力的能源基础设施的政策建议

新发展格局下构建具有竞争力的能源基础设施是一项基础工程，更是一项系统工程，需要整体谋划、重点突出、有序推进，为提升我国产业链供应链的稳定性和竞争力创造条件。

（一）做好能源基础设施发展顶层设计

加强国家层面在能源基础设施规划布局的顶层设计和总体规划，以安全可靠、绿色低碳、成本最优为发展方向，逐步从适应能源发展向引领能源发展转变，处理好能源基础设施长期与短期、整体与局部、传统与新型、保供与发展之间的关系，统筹各类能源基础设施规划布局与生产力布局相协调，以能源基础设施高质量发展为抓手，带动产业链供应链协同升级，支撑产业链供应链稳定性和竞争力。探索推进综合能源服务，以传统能源为基础，协调、匹配新能源电力基础设施建设和应用，提高整体能源基础设施利用效率，提升保供稳供能力，减少资源闲置和浪费。

（二）市场化改革激发新型能源基础设施活力

以构建高质量能源基础设施建设为目标，建立定价合理、灵活响应的新型定价机制，推进能源供需两端联动，激发新型能源基础设施建设活力。注重协同发展，强化能源与交通、信息等基础设施的融合。构建能源基础设施的投资风险预警机制，统筹环境、价格及下游产业链供给链发展等因素，实施能源基础设施风险管控。以价格政策为抓手，建立跨省跨区能源基础设施综合协调机制，优化能源整体布局。制定完善价格大幅波动的干预机制，将煤、油、气以及电等能源的价格调控在合理区间。持续推进碳市场建设，确立科学的碳价形成机制，引导全社会减碳。

（三）能源基础设施创新由资源驱动型转向科技驱动型

一是以需求促科研。依托能源基础设施转型升级巨大市场空间，促进科技创新研究，集中力量打好关键核心技术攻坚战，引导和组织优势力量下大力气解决一批能源领域“卡脖子”问题，加快突破基础软硬件、先进材料、核心零部件等方面的瓶颈制约，努力实现关键核心技术自主可控。二是瞄向远方，超前攻关。充分发挥国家作为重大科技创新组织者的作用，用好国家战略科技力量，聚焦可能取得革命性突破的重大创新领域和技术，持续加大投入，实施一批具有前瞻性、战略性的国家重大科技项目。特别是在美国、欧洲等关注的领域，开展跨学科、多领域、大协作协同创新，力争在能源革命科技新赛道取得先机。三是择机适度超前启动一批能源基础设施重大工程。推进传统能源基础设施升级改造，加快新型能源基础设施建设布局，着力提高能源基础设施建设融资水平和资金使用效率，不断推动基础设施建设向更高水平发展，进一步提升综合国力和国际竞争力。

（四）优化布局大规模开发可再生能源

坚持生态优先、因地制宜、多元融合发展，在东北、西北、华北地区优化推进风电和光伏发电基地规模化开发，在西南地区统筹推进水风光综合开发，在中东南部地区重点推动风电和光伏发电就地就近开发利用，在东部沿海地区积极推进海上风电集群化开发，稳步推动生物质能多元化开发，积极推动地热能规模化开发，稳妥推进海洋能示范化开发，积极推进氢能技术研发与示范。在工业园区、经济开发区及油气矿区等负荷中心周边地区，推进风电分散式和分布式光伏多场景融合开发，科学推进整县屋顶分布式光伏开发。加快推进以沙漠、戈壁、荒漠地区为重点的风电光伏大型基地建设，以风光资源为依托、以区域电网为支撑、以输电通道为牵引、以高效消纳为宗旨，统筹布局建设好风电光伏基地与支撑调节电源。

执笔人：吕斌　付毕安

参考文献

[1] 电力规划设计总院.中国电力发展报告2020[M]. 北京：人民日报出版社，2021.
[2] 冯保国. 能源安全遭遇基础设施瓶颈[J]. 中国石油企业，2021（6）.
[3] 高鹏，高振宇，赵赏鑫，等. 2020年中国油气管道建设新进展[J]. 国际石油经济，2021（3）.
[4] 国家发展和改革委员会能源研究所.中国中长期能源基础设施转型发展投资战略研究[R]. 2020.
[5] 国家能源局. 2020年全国电力工业统计数据[R]. 2021.
[6] 国家统计局. 中国统计年鉴2021[M]. 北京：中国统计出版社，2021.
[7] 国家统计局. 中华人民共和国2020年国民经济和社会发展统计公报[R]. 2021.
[8] 国家统计局能源统计司.中国能源统计年鉴2020[M]. 北京：中国统计出版社，2021.
[9] 刘宝昌.数字化、智能化、云化时代，需加快构建能源基础设施安全防御能力[J]. 电信工程技术与标准化，2020（9）.
[10] 水电水利规划设计总院. 中国可再生能源发展报告2020[M]. 北京：中国水利水电出版社，2021.

[11] 王仲颖，康艳兵，姚明涛.“十四五”能源基础设施协同融合发展思路与举措[J]. 中国经贸导刊，2021（7）.

[12] 闫坤，张鹏.加快构建新形势下的新发展格局[N]. 经济参考报，2021–5–25.

[13] 张治棠.国家发展改革委煤炭保供稳价组合拳成效显著[N]. 中国经济导报，2021–10–26.

[14] 中国煤炭工业协会.2020煤炭行业发展年度报告[R]. 2021.

[15] Tong D, Zhang Q, Zheng Y, et al. Committed emissions from existing energy infrastructure jeopardize 1.5 ℃ climate target. Nature, 2019.

专题报告七

深化高水平对外开放　提升产业链供应链稳定性和竞争力

当今世界正在经历世界之变、时代之变、历史之变。全球经济的重心持续向东转移，国际规则进入重塑期，全球产业链供应链加速重构，绿色数字化转型是当前及今后一段时期国际格局变化的基本形势和特点。对此，宜高质量实施 RCEP，积极对标高标准国际经贸规则，坚持实施更大范围、更宽领域、更深层次对外开放，围绕重点国家、重点区域，立足我国产业链供应链特点，抓紧当前及今后一段时期国际力量对比的调整期，分类施策、有保有压，更好激发我国产业链供应链发展内生动力，推动国内开放水平由商品、要素流动型开放向规则、规制、管理、标准等制度型开放转变，为新发展格局下产业链供应链高质量发展营造良好的外部环境，推动经济高质量发展和社会全面进步。

一、国际格局变化总体形势

（一）国际力量对比发生深刻调整，全球经济格局“东升西降”态势明显

一是“东升西降”“南升北降”发展态势明显。“二战”后，欧美日

等发达国家和地区开始主导全球经济的发展，其经济占全球比重持续上升，在1992年达到84.8%的峰值水平；随后，其占全球经济份额持续下降，新兴经济体开始群体性崛起。新冠疫情前，发达国家和发展中国家占全球经济份额分别为62.9%和37.1%。与此同时，部分亚洲和非洲国家有可能成为全球经济增长的领跑者，预计到2035年包括新兴经济体在内的发展中国家GDP规模将超过发达经济体，在全球经济和投资中的比重接近60%。特别是改革开放以来，中国经济快速发展，对全球经济的贡献作用明显加强。自2006年以来，中国对世界经济增长的贡献率已经连续十余年稳居世界第一位，成为世界经济增长的第一引擎。根据美联储预测，美国长期GDP增长率约为2%，2035年美国将被中国超越。

二是全球制造中心"东移"趋势更加明显。改革开放以来特别是加入世界贸易组织后，中国顺应国际产业分工变革和产业转移的趋势，充分利用劳动力成本优势承接国际产业转移，成为世界重要的劳动密集型产业和环节的生产和出口基地，促进了全球产业向中国聚集，形成了较为完整的全球产业链供应链体系，形成了"大进大出"的贸易格局。1990年，中国在全球制造业总产值中的占比仅为1%，继2007年超过日本、2010年超过欧盟、2011年超过美国后，2012—2020年，中国制造业增加值从16.98万亿元增长到26.59万亿元，占总产出比重的30%左右，连续13年保持世界第一制造大国地位。截至目前，中国是全世界唯一拥有联合国产业分类中所列全部工业门类的国家，拥有41个工业大类、207个中类、666个小类，220多种工业产品产量居世界第一位。

三是中国逐渐从全球价值链参与者和追随者不断向全球价值网络重要中心节点和引领者的角色转变。20世纪90年代，中国主要是以日本为领头雁的东亚生产体系的追随者和参与者，承接了外部产业转移。随着国内人口红利的释放、经济潜力的发挥和产业升级的发展，中国生产的质量和效益不断提升。2000—2003年，中国逐渐承接日本、韩国相关产业转移，成为日本和韩国贸易网络的直接参与者。2004—2007年，中欧贸易开始快速发展，中国制造在全球贸易生产网络的地位进一步提升，逐步摆脱对亚洲领先贸易国（地区）的依赖。2008年以来，中国贸易伙伴不断增加，与美国、澳大利亚、俄罗斯、墨西哥等的贸易伙伴关系不断建立、稳固和成熟，从全球贸易生产网络的全球价值链贸易的参与者和追随者逐步向全球价值网络重要中心节点和引领者的角色转变。

（二）全球经济治理体系加速变革

一是全球经济治理体系进入加速变革期。经济全球化给国际经贸格局带来深刻变化，全球经济治理进入快速变革期，呈现出治理主体多元化、多极化趋势以及新的全球议题不断涌现等新特点。特别是技术革命、绿色发展和全球价值链深入发展给全球带来新的治理理念和规则制定需求，各国合作需求不断增强；全球经贸规则重构和博弈日益凸显，规则标准水平不断提升，数字贸易、“监管一体化”和21世纪议题等逐步成为各方关注的重点。在此过程中，美欧等发达国家和地区也发起了诸如印太经济框架、关键矿产协议等非典型贸易协定，给全球经济治理带来更多冲击。

二是区域贸易协定快速发展，标准程度不断提升。从20世纪90年代开始，区域经济合作快速发展，开放的区域主义成为一种流行趋势，大型甚至巨型区域贸易协定谈判出现快速发展。欧盟经济一体化成为全球的典范，国家之间可以通过区域经济合作从共同市场发展到共同货币联盟，最终达到政治、安全和经济共同体。亚洲地区，RCEP将中国与东盟、日本、韩国、澳大利亚、新西兰等国家和地区紧密联系在一起。南美地区，智利、秘鲁、墨西哥和哥伦比亚正组建太平洋联盟。非洲地区，南部非洲发展共同体（SADC）、东部和南部非洲共同市场（COMESA）以及东非共同体（EAC）正努力达成协定，共同扩大区域经贸合作的规模。美国退出后，CPTPP 仍继续达成，反映了各国积极参与区域一体化的愿望。

（三）绿色数字化转型成全球共识

一是全球产业绿色化转型成为各国共识，各国推动产业转型力度之大前所未有。截至目前，超过 190 个国家和地区提交了第一轮国家自主贡献，涵盖了全球 90% 以上的能源相关和工业过程的二氧化碳排放量；27 个国家和欧盟已经按照《巴黎协定》的要求，向《联合国气候变化框架公约》通报了低温室气体排放的长期发展战略。相比之下，我国产业结构和能源结构需要适应国际趋势，妥善处理好发展和减排、短期和中期的关系。总体来看，我国是全球第一位的制造、工业大国，工业万元能耗强度是第三产业的 4 倍左右，钢铁、有色、建材、石化和化工五大产业能耗占总能耗的 80%，开展“稳妥有序、安全降碳”的工作重点在能源、工业领域，与世界主要国家面临的问题基本一致。国际机构测算，欧盟如在 2050 年实现碳中和，未来 30 年要投入 28 万亿欧元。中国如果要实现碳中和，投资须超过 130 万亿元，需要在当前 GDP 水平上提升一倍。

二是全球数字经济快速发展，成为未来推动产业链供应链重构的新方向。2020 年全球数字经济增加值达 32.6 万亿美元，同比提升 3%，占全球 GDP 比重为 43.7%。从具体行业情况看，服务业数字经济占 GDP 比重最高，为 43.9%，主要为通信、金融等生产性服务业；其次为第二产业（24.1%）和第一产业（8%）。伴随技术迭代和进步，以 5G、半导体、集成电路、人工智能等为代表的数字产业加速发展，工业互联网、智能制造、先进制造等成为全球产业数字化发展的主要驱动力。2020 年，产业数字化增加值占数字经济比重为 84.4%。美中德日英成为全球数字经济规模最大的 5 个国家。规模方面，2020 年，这 5 个国家数字经济规模占全球 79.2%。其中，美国数字经济规模全球第一（13.6 万亿美元，占 41.7%），中国位居世界第二位（5.4 万亿美元，占 16.6%），德国、日本并列第三位（2.5 万亿美元，占 7.7%），英国位居第五位（1.8 万亿美元，占 5.5%）。

（四）全球创新格局面临深刻变革

一是国家战略科技力量成为大国经济产业实力的基础。近代以来，登上世界科技舞台中心的美国、日本、德国，都是依靠国家战略科技力量的支撑。美国通过组建国家实验室，开展基础性、前沿性和战略性的跨学科研究，并从武器研发扩展到能源、信息、材料等重大科学前沿，出现了互联网等诸多颠覆性技术，引领世界科技发展。颠覆性技术的群体突破已经形成并在全球范围内迅猛发展，科技因素对国家间实力对比、战争形态演变以及国家外交资源造成的影响进一步上升，进而推动国际格局的演变。

二是中国创新能力和水平不断提升。在科技论文发表和引用方面，尽管发达国家仍处于主导地位，但中国上升较快，在被引用论文数量上跻身世界前五位。根据世界知识产权组织（WIPO）的数据，亚洲的全球专利申请量已经占全球的 65.1%，其次是北美（20.3%）和欧洲（11.2%）。在科技人才方面，发达国家对高端人才仍然具有较强吸引力。根据花旗银行和牛津大学 2018 年的报告，经济合作与发展组织国家吸引了 2/3 的高技术移民，美国是全球最大的科技人才流入国，中国从海外回国的人才数量快速增长。在全球创新集群和创新城市方面，东亚地区已经超越欧美，根据《2018 年全球创新指数报告》和《2018 年自然指数—科研城市》的数据，美国高质量创新集群数量从 30 个降至 26 个，中国从 7 个增加至 18 个。

二、高质量实施 RCEP，积极对标高标准国际经贸规则

（一）高质量实施RCEP，更好推动我国产业链供应链全球布局，积极拓展国际市场发展空间

RCEP 有效整合了东亚生产网络，提升了区域内产业链供应链循环运转效率，为我国产业链供应链国际化发展拓展了市场空间，有助于以高水平开放促产业链供应链发展。RCEP 成员国人口、GDP、贸易总额均占全球 30%，是世界上人口最多、经贸规模最大、最具发展潜力的自由贸易区。

一是用好 RCEP 带来的国际市场空间扩大红利，加快布局跨境产业链供应链。从货物贸易开放水平看，RCEP 实现 90% 以上的货物贸易自由化，实施累积原产地规则，允许出口商或生产商出具原产地声明，简化海关通关手续，便利要素等在区域内跨境自由流动。从服务贸易开放水平看，RCEP 的开放部门数量高于之前各方之间“10+1”自贸协定水平的开放承诺，除了柬埔寨、老挝和缅甸 3 个国家，其他成员国承诺服务部门数量均有 100 个以上。从投资准入保护水平看，采用负面清单方式做出准入承诺，开放水平具有“棘轮效应”；要求成员国加入必要的国际公约，提升知识产权保护力度；暂时搁置了 ISDS 条款，保护东道国对于外国投资的必要的规制权力。

专栏4 RCEP对产业链供应链的开放红利定量测算

商务部国际贸易经济合作研究院根据全球动态一般均衡模型（GDYN）预测，到2035年，RCEP将带动区域整体的实际GDP、出口和进口增量分别较基准情形累计增长0.86%、18.30%和9.63%，出口和进口累计增量规模将分别达到8571亿美元和9837亿美元，区域投资将累计增长1.47%，区域经济福利累计增加1628亿美元。全球层面，到

2035年，RCEP将带动世界实际GDP和进出口贸易分别较基准情形累计增长0.12%和2.91%。

（1）从实际GDP的增长率来看，东盟国家受益最大。相较于基准情景，到2035年，东盟整体GDP累计增长率将因RCEP增加4.47%。其中，柬埔寨、菲律宾、泰国、越南的GDP获益较大，累计增幅分别为7.98%、7.04%、6.38%和6.33%。对中国、日本、韩国、新西兰和澳大利亚实际GDP增幅也均有积极贡献。

（2）从进出口增长率来看，东盟成员国中菲律宾、柬埔寨、泰国、越南累计增幅超过20%；非东盟成员国中，韩国的出口累计增幅最大，而中国的进口累计增幅最大。到2035年，菲律宾、柬埔寨、泰国和越南的出口增幅分别高达57.81%、30.82%、24.23%和22.12%，进口增幅分别为67.71%、33.15%、27.94%和23.38%。印度尼西亚、马来西亚和东盟其他成员国（文莱、缅甸和老挝）进出口增幅则在10%以上。非东盟成员国中，韩国的出口增幅最大，为7.84%；中国的进口增幅最大，达到10.55%。

（3）从经济福利的角度看，RCEP对主要成员国经济福利的影响均为正向效应，其中中国、东盟和日本改善幅度最为显著。模拟结果显示，到2035年，中国、东盟和日本经济福利较基准情形分别累计增长996亿美元、670亿美元和512亿美元。

（4）从劳动力要素的角度来看，RCEP生效后东盟成员国的非熟练和熟练劳动力的工资水平将有较大幅度提高。其中柬埔寨、越南、菲律宾等国增幅最为显著。这说明RCEP将为东盟成员国提供更多的就业机会，提升东盟成员国人力资源水平。

资料来源：商务部国际贸易经济合作研究院。

二是通过用好 RCEP 新规则，推动我国产业链供应链绿色数字化转型发展。以电子商务规则为例，RCEP 电子商务规则主张促进无纸化贸易，推广电子认证和电子签名，保护线上消费者权益，保护电子商务用户个人信息，加强针对非应邀商业电子信息等的监管。不强制要求计算设施本地化，不得阻止通过电子方式跨境传输信息等，但设置了实现公共政策目标的例外条款，并规定若为保护基本安全利益不执行该条款，有助于带动中国数字贸易在区域内更好发展。

（二）积极加入CPTPP，稳步提升国内制度型开放水平

CPTPP 重点在于标准和规则，对标高标准国际规则可更好带动我国制度型开放，有助于以高水平开放促深层次改革，为产业链供应链高质量发展提供支持。对标 CPTPP 高标准规则，有助于不断提升国内制度型开放水平，优化政策环境，促进深层次改革。CPTPP 以“全面且进步”为目标，被视为 21 世纪新型国际经贸规则的典范。CPTPP 对贸易自由化、经济全球化、区域经济一体化的高度追求，与中国维护多边贸易体制、深化国内改革、扩大对外开放的核心利益总体相符合，加入 CPTPP 将在规则层面、经济层面对中国产生积极效益。

一是用好高标准 CPTPP 规则，推动我国产业链供应链与协定成员国开展深度合作。从货物贸易开放水平看，CPTPP 成员国货物贸易降税模式较为统一，即适用一张统一的关税承诺表，仅有个别特殊安排，实现 100% 贸易自由化，且过渡期较短，原产地规则承诺水平更高，对区域价值成分要求、累计规则和原产地证明要求较为严格。从服务贸易开放水平看，CPTPP 成员国的平均限制部门数量为 5；就国民待遇限制而言，CPTPP 成员国的平均限制部门数量为 12，开放力度总体上高于 RCEP。从投资准入保护水平看，对投资者保护要求更高，对知识产权的保护范围更广，除了

域名、声音商标等，也将气味商标纳入保护范畴，对农业化学物质产品未披露的试验或其他数据提供保护，且加大司法执法力度。

二是用好CPTPP竞争政策、政府采购、国有企业等“21世纪新规则”，倒逼国内深层次改革。CPTPP包括保护私人诉权义务、维护政策透明度义务等内容，且对竞争执法中的程序公正规定更加具体细致，可操作性更强。CPTPP要求相互合理开放政府采购市场，给予他国政府采购产品和服务国民待遇，给予投标者公平待遇，加强政府采购信息的可获得性。各成员国均有一份实质性开放清单，清单中包括政府采购开放实体、开放金额门槛、开放部门、服务项目、例外情况等具体规定。此外，CPTPP国有企业章节专门用于规范国有企业，主要包括非歧视待遇和商业考虑、非商业援助、透明度、技术合作和争端解决等条款，对于产业补贴做出明确规定。CPTPP规定，缔约方应采取和维持国际劳工组织宣言中所述的权利，对于产业链供应链劳工权益重视程度较高。CPTPP要求进行臭氧层保护，保护海洋环境免于船舶污染，提升公众参与度和透明度等，要求区域内产业绿色化发展。CPTPP专门规定公布信息等透明度要求，囊括范围很广，包括相关法律、法规、程序和行政裁定等，附件还有专门对药品和医疗设备的透明度规定，对于相关商业合规行为做出了更高要求的约束。

三、进一步深化高水平开放的政策建议

总体来看，开放格局下产业链供应链发展面临的挑战前所未有，错综复杂的国际环境带来新矛盾新困难，新冠疫情影响持续深化，经济全球化遭遇逆流，国际经贸规则碎片化，世界进入动荡期，发展外部环境不稳定性不确定性明显增加。但随着我国产业不断发展、制造业实力逐步增

强，经济进入高质量发展阶段，总体判断机遇大于挑战。对此，有如下建议。

一是要坚定不移推动高水平开放，为推动产业链供应链高质量发展营造良好的外部环境。坚持实施更大范围、更宽领域、更深层次对外开放，全面提高对外开放水平，推动贸易和投资自由化便利化。建设更高水平开放型经济新体制，持续深化商品和要素流动型开放，稳步拓展规则、规制、管理、标准等制度型开放，推动构建与国际通行规则相衔接的制度体系和监管模式。积极参与全球经济治理体系改革，以自主开放促进全球开放合作，深化多双边、区域、次区域经贸合作，促进国际经济秩序朝着平等公正、合作共赢的方向发展，为产业链供应链稳定性和竞争力提升营造良好外部环境。

二是用好区域贸易协定，针对性指导重点产业链供应链深化国际合作交往。围绕我国产业链供应链发展的关键领域和重点环节，用足用好RCEP带来的发展红利。在制造业领域，要充分发挥我国产业链完整、配套设施完善的综合优势，借助RCEP的达成，不断拓展国际市场发展空间，持续提升自身国际竞争力。如石化行业，要积极开展与国际先进产业水平的对标，加大研发投入，推动开拓东南亚市场；电子行业要提升产业基础能力，稳定电子信息制造产业链，调整重构电子新兴产业分工；机械行业要推动机电全产业链“走出去”，加快装备质量和安全标准与国际接轨；汽车行业要抓住对外开放水平全面提升的有利机遇，用好对65%的汽车零部件做出的零关税承诺，持续开展国际合作和竞争；轻工行业要推动区域内产业布局，提升中国品牌国际影响力，加大国内科技创新力度；纺织等传统行业要积极考虑加强对日本出口市场的开拓，引进先进设备，加强产能合作，推动传统产业提质升级。

三是积极参与全球经济治理，为产业链供应链国际化发展提供良好的规则环境。坚定维护多边贸易体制，积极参与世界贸易组织改革，保障发展中国家权益和发展空间。不断提升国际合作水平，积极参与联合国、世界贸易组织、二十国集团、亚太经合组织等机制合作，加强贸易和投资、数字经济、绿色低碳等领域议题探讨，贡献更多维护自由贸易、加强开放合作的中国智慧。主动对标高标准国际经贸规则，实施自贸区提升战略，积极推动加入 CPTPP、《数字经济伙伴关系协定》（DEPA），加快构建面向全球的高标准自贸区网络。构建新型国际经贸关系，推进大国协调合作，深化同周边国家的经贸关系，加强与发展中国家团结合作，扩大互利共赢范围，积极营造良好外部环境。

四是更好统筹发展和安全，妥善应对挑战。充分用好国内大市场优势，用足产业部门齐全和综合配套能力强的有利条件，维护国内产业链供应链发展安全。做好外商投资安全审查、反垄断执法、贸易救济等国际通行规则，建立健全事中、事后监管体系，完善风险防控管理体系，切实处理好开放与安全的关系。

五是加大国内深层次改革力度，为国内产业链供应链稳定性和竞争力提升探索新发展路径。密切关注高标准国际经贸规则最新变化，积极妥善吸收借鉴与我国改革开放方向一致的规则。在知识产权方面，加强知识产权保护力度，打通知识产权创造、运用、保护、管理和服务全链条，可以推动部分地区为开展知识产权保护强化执法安排试点。在电子商务方面，按照 RCEP 细化落实数据管理等具体规定。在政府采购方面，自主提升政府采购透明度，利用 RCEP 审议机制，进一步丰富和完善政府采购内容，纳入更多实质性政府采购条款。继续优化出价清单，保持与《政府采购协议》（GPA）成员国沟通，加快加入 GPA 进程。

执笔人：庞超然

专题报告八

从日韩经验看如何突破后发劣势提升产业链供应链竞争力

——以汽车和半导体产业为例

自20世纪五六十年代以来，日本和韩国依靠出口拉动进入了经济高速发展期，产业链竞争力不断提升。20世纪80年代，日本达到了发达国家的经济水平，2021年5月韩国被联合国认定为发达国家。日韩作为后发国家的产业发展经验，对我国在当前国际背景下实现产业升级、提升产业链供应链竞争力具有重要借鉴意义。日本和韩国的汽车和半导体产业的发展和升级过程极具特色，本专题以这两个产业为例，总结日韩提升产业链供应链竞争力的具体举措。

一、日本提升产业链供应链竞争力的经验

“二战”后，日本基础产业严重落后，选择了出口导向型经济发展路线，在政府产业政策和民间企业的带动下先后发展了煤炭、钢铁、石油化学、合成纤维、汽车、产业机械、家用电器等产业，经历了经济复兴期和高速增长期，实现了工业化；之后发展半导体、计算机、飞机等高新技术产业和知识密集型产业，进入稳定增长期，实现了产业结构高级化；此后

由于经济泡沫和技术路径选择失误，日本新兴产业发展进入低迷期；21世纪后，汽车产业始终保持支柱性地位的同时，新材料、金融保险、信息通信、运输、动漫、养老健康等服务业逐渐发展壮大。

（一）日本提升汽车产业竞争力的经验

日本的汽车产业在“二战”后几乎从零开始，仅用40余年就发展成为全球市场的重要一极，该过程具有重要的参考价值。

1. 利用产业扶植政策实现了汽车产业的起步和发展

日本的汽车产业起步较晚但发展迅速。欧洲、美国的汽车产业在20世纪20年代已基本成熟，相比之下，日本20世纪40年代末才将汽车产业确定为战略性新兴产业，1951年出台政策重点扶持轿车产业，20世纪50年代后期产品结构逐渐多元化，20世纪60年代后期家庭轿车迅速普及，1979年产量首次超过美国。20世纪70年代石油危机后，小排量汽车开始进入美国市场，20世纪90年代以后进入了全球化阶段，2006年北美、亚洲市场的产量分别占日系车总产量的36.5%、37.6%；2013年海外整车产量1675.6万辆；2019年国内外产量共2755.6万辆，占全球总产量的30%。2020年，丰田、本田、日产等三大日本汽车品牌销量居全球销量前十，占全球总销量的17.5%。

日本汽车产业的迅速发展壮大离不开汽车产业政策的积极作用。主要分为完善基础条件和产业保护扶持政策（小宫隆太郎等，1988）。其中完善基础条件的政策包括完善公路网、制定排气标准和限制，产业保护扶持政策主要包括对汽车产业实施物品税、保护性关税、限制进口、外汇限制、低息贷款、补贴、特别折旧、进口设备免税、引进技术等方面的支持和资本自由化政策。这些产业政策取得了积极成果，例如推动了道路建设，促使汽车安全性大幅提高，形成了全球最严的汽车排放标准，也推动了日本汽车产量高速增长，1980年产量突破1000万辆，占世界汽车总产量的30%以上，并逐渐占领了国际市场。2021年，丰田、日产、本田、铃木四大日本汽车品牌销量居全球销量前十，占全球总销量的28.7%。

2. 产业链上下游协同发展提升了全产业链竞争力

日本汽车产业在发展整车制造的同时，形成了基于生产流程的纵向协同发展模式。日本1956年颁布的《机械工业振兴临时措施法》将汽车零部件列为扶持对象之一，1966年将机械工具、内燃机、整车等产业链上下游行业纳入扶持范围，积极促进全产业链的国产化。自此，上游的装备制造、零部件制造和下游的整车行业进入高速发展时期。

1943年日本商工省将整车与零部件分包商“纵向分层一体化”的塔式分包结构以法令的形式确定了下来。日本探索形成了整车厂商和多级零部件分包商的多层次垂直分包体系，按照总成件、稍加工组合件和单纯加工件，将零部件厂商分为一次、二次、三次零部件厂，将业务层层转包。整车企业通过与分包商交叉持股的方式，组织各级分包商生产，形成金字塔形结构。在分包体系中，大部分分包商附属于某一家整车企业，为其专制零部件产品；但这些分包商又拥有独立的产权，可以为其他整车企业服务。以丰田汽车为例，一次分包商成立了“协丰会”，二次分包商组建了“精丰会”；丰田对“协丰会”中的企业投资30%左右，对分包商进行技术和资金支持。此外，以日野汽车、日产汽车等为中心，各级分包商都成立了不同体系的协会组织，分包商可以同时为多个体系服务。

这种“整零”关系提升了产业链供应链的协同合作能力。整车厂商以大企业为骨干，吸收上下游中小企业，构建了广泛的协作网和完整的国产化汽车产业链。整车厂与零部件分包商签订长期合同，二者之间严密分工、紧密合作，形成了长期、稳定的交易关系，在市场发生变化时，供应链可协同产业链快速做出响应（陈燕春、王琨，2010）。2021年《财富》

杂志公布的世界500强企业中，日本7家整车企业、4家零部件企业入选，这11家企业年度营收和利润分别占日本全部500强企业总营收、总利润的28%和18%。

3. 积累技术优势，把握两次“石油危机”机遇进入全球市场

在技术引进与合作政策的支持下，日本企业逐渐积累了技术优势和先进的管理方法。例如，日本汽车产业在1951—1969年先后从美国、英国、意大利等国引进了405项先进技术。1955年，日本政府提出了“经济型轿车发展计划”，成功研制出低油耗、低排放、低噪声的内燃机。到1957年，日本的汽车零部件生产全部实现了国产化（刘家磊，2012）。此后，日本汽车产业常年是国民经济中自主研发投入最多的产业部门。此外，日本车企形成了先进的管理方式，比如著名的丰田生产管理模式（Toyota Production System），在全球化的过程中成功保持了竞争优势。

把握“石油危机”机遇成功开拓海外市场。第一次石油危机后，日本的紧凑型汽车就以省油、性价比高、售后服务好等优势打入了国际市场（朱晶、张艳菊，2008）。第二次石油危机后，以省油著称的日本小型汽车在美国大受欢迎。1979年日本汽车在美市场份额为17%，1980年上升到24%，1984年达到35.2%。

4. 通过自愿限制出口、全球化投资布局等措施有效应对贸易摩擦

日本在经济高速发展的过程中，与美国、欧共体（欧盟）等发生了多次贸易摩擦，例如纺织品、家电、汽车、半导体等。汽车产业有效应对了贸易摩擦，并在此过程中形成了全球化的产业链供应链体系，但半导体产业在贸易摩擦中大受冲击。

日本汽车产业的蓬勃发展引来了日美汽车产业贸易摩擦。在日本汽车产业逐渐进入美国市场的同时，美国的汽车产业却大幅亏损，每年有近6万人

失业。1980 年，全美汽车工人联合会根据《美国统一商法典》第 201 条，向国际贸易委员会提出“日进口导致美国汽车产业受损”的申诉，之后里根政府要求日本对汽车出口实行自愿限制。到了 20 世纪 90 年代，日美汽车贸易逆差持续扩大，围绕汽车产业的贸易摩擦再次激化。

日本通过多种方式缓解日美汽车贸易摩擦。一是通过自愿限制措施减少对美国的整车出口、扩大对美国零部件和整车的进口。1981 年 5 月，日本决定控制对美汽车出口量，1992 年、1995 年，日本制定了自愿采购计划，扩大对美国汽车零部件的采购，同期至 2001 年，日本汽车出口量震荡下行。二是积极通过多边谈判和民间宣传解决贸易争端。1983—1984 年，日本通商产业省（简称通产省）与美国政府举行多次会谈，并与美国达成了市场导向型个别领域谈判协议，汽车贸易摩擦有所缓和。20 世纪 90 年代后，日美在世界贸易组织的框架下磋商汽车贸易问题。另外，日本还积极开展多种境外宣传活动改善日本的国际形象、影响民间舆论，赢得当地企业和消费者的好感。三是通过海外投资建厂、放开资本准入融入全球产业链供应链。日本车企对美国大规模投资，由整车出口转变为现地生产和销售，日本零部件厂商也积极在美国投资建厂，给美国人提供了大量就业机会，日美贸易摩擦逐渐平息。20 世纪 90 年代后，日本还积极推进了汽车产业的自由化，欧美汽车厂商逐步进入日本。

日美汽车贸易摩擦过后，日本加大了对欧洲、亚洲等地汽车产业的投资，深度融入了汽车产业链供应链的全球分工，但 2009 年以后，竞争力逐渐被德国赶超。例如，2016 年日本汽车出口占全球出口的 13.2%，德国则远高于日本，占 21.8%。日本汽车品牌的影响力也逐渐被德国赶超，在英国品牌金融全球最有价值汽车品牌 100 强中，2021 年日本汽车品牌价值 1.43 亿美元，有两个日本品牌进入前十，而德国汽车品牌价值 2.02 亿美元，有 5 个德国品牌进入前十。德国汽车产业凭借大力度研发创新、斯图加特汽车产业集群等，聚焦全球高端汽车市场和高质量服务，成为最有价值汽车品牌的来源国（见表11）。

表11　　2021年各国全球最有价值汽车品牌总价值和占比

国家	品牌总价值（百万美元）	占比（%）
德国	201.8	34.4
日本	143.2	24.4
美国	100.5	17.1
中国	28.2	4.8
英国	21.4	3.6

资料来源：英国品牌金融（Brand Finance），《全球最有价值汽车品牌100强报告》，2021年。

（二）日本提升半导体产业链竞争力的经验教训

日本半导体产业虽然起步比美国晚5年，但迅速实现了赶超，曾占全球市场近50%的份额，存储器芯片DRAM技术也一度领先美国，但日美半导体贸易摩擦带来了产业发展的转折点。

1. 依靠美国技术支持和日本的产业政策扶持实现快速起步

日本半导体产业在起步时得到了美国支持。晶体管于1947年在美国诞生，5年后被日本试制成功。20世纪50年代后期，日本从美国引进技术，投资建设晶体管工厂。日本企业频繁选派技术人员深入美国晶体管工厂参观学习，根据考察记录及见到的设备试制出了一些关键的生产设备，改进了本国生产技术。利用收音机、电子计算器等民用电器市场，日本半导体产业迅速发展壮大，并进入美国、中国等海外市场。到1960年，日本晶体管产量突破1亿，连续两年超过了美国（冯昭奎，2018）。

20世纪60年代中期，日本的产业政策转向大力扶持大规模集成电路。1966年，日本开始生产大规模集成电路，但规模相对较小，因此政府实行了保护扶持政策，包括严格限制进口配额、保护性关税、制定“超高性能计算机开发计划”对企业开发提供资助等，还将美国半导体企业的对日投资计划推迟了 8 年之久。1976 年，日本通产省联合设计、生产、测试的专家和企业组建了“超大规模集成电路技术研究组合”机制（见表 12），对企业提供了免息贷款，计划在 1980 年前共同突破最先进 DRAM 存储器芯片的基础技术、实现加工精度突破 1 微米。

表12　日本“超大规模集成电路技术研究组合”机制

内容	基本情况	说明
组织架构	通产省电子综合技术研究所牵头	政府、企业共同出资，设立共同研究所。所长：电子综合技术研究所半导体专家垂井康夫
	富士通、日立、三菱、日本电气、东芝5家公司联合组成	
决策机构	理事会	由通产省官员和5家公司的领导担任
原则	研究共同的、基础的课题，可平等使用研究结果	抽调技术工程师参与，商业化开发由各公司独自承担
任务	①微精细加工技术； ②结晶技术； ③设计技术； ④工艺技术； ⑤检验评价； ⑥元件技术	设立6个研究室： 第一、第二、第三研究室分别由日立、富士通和东芝负责协调； 第四研究室由电子综合技术研究所负责协调； 第五研究室由三菱负责协调； 第六研究室由日本电气负责协调

资料来源：作者整理。

日本半导体产业在快速崛起的同时实现了全产业链协同创新发展。“超大规模集成电路技术研究组合”开发出 1200 多项专利和 300 多项商业机密技术，日本存储器芯片技术也在 1977 年赶超美国，并与美国保持了领先两年的代差。企业与科研机构共同研制出各种类型的电子曝光机、干式腐蚀机等关键制造设备，并培育出了一批半导体制造装备的龙头企业。到 1980 年，日本半导体制造设备的国内份额超过了 50%，初步实现设备的国产化，还主导了光刻机的世界市场（冯昭奎，2018），成为硅片、光刻胶、高纯度氟化氢等半导体原材料的主要生产国。

2. 贸易摩擦和决策失误致使产业发展陷入停滞

随着日本半导体产业的发展壮大，围绕半导体的日美贸易摩擦也正式拉开序幕。1980—1986 年，日本半导体产品的全球市场份额从 26% 上升到 44%，而美国半导体产品的市场份额则从 61% 下降到 43%。1985 年起，在美国打出的系列“组合拳”下，日本半导体产业遭遇了沉重打击。

一是贸易诉讼迫使日本交出了本国市场。美国半导体行业协会（SIA）怀疑日本市场存在不公平，1985 年依据《美国统一商法典》第 301 条提起了对日诉讼。1986 年，美国提出诸如美国半导体产品在日本市场份额达到 20%、提供日本企业生产成本信息、设定基准价格并接受美国监督等条件，最终与日本达成了《美日半导体协议》。这导致日本对本国半导体需求减少，削减了企业对计算芯片的研发投资动力，加上自主选择技术路线失误和全球代工模式的兴起，日本以本地集成制造为主的半导体产业错失了逻辑芯片的黄金发展期。

二是“IBM 案件”和“东芝事件”导致日本高新技术龙头企业一蹶不振。20 世纪 70 年代，计算机程序不具有著作权，为免费使用 IBM 的操作系统，日本厂商模仿 IBM 生产计算机，销量因此大增。IBM 在 1981 年发布新机型后，日立、三菱等公司为获取 IBM 的机密资料，多名技术人员和高层管理人员被 FBI 逮捕。案件发生后，日立公司、富士通公司向 IBM 支付了巨额技术使用费，并接受 IBM 监视，日本计算机产业被纳入美国 IBM 麾下。另外，意大利、德国、日本等国在 20 世纪 80 年代向苏联秘密出售高精度数控机床装置及软件，使苏联的核潜艇能力大幅提升。日本东芝的子公司被告发后，东芝公司被禁止在 5 年内向美国出口任何产品并承担 100% 关税罚款。自此，日本高新技术企业的竞争力大幅下降。同期，韩国半导体企业大力发展存储器芯片业务，逐渐取代了日本企业。

三是《广场协议》后日元大幅升值引发了日本经济泡沫，日本进入了“失去的十年”。受日本汽车、半导体产业的冲击，日美贸易出现巨额逆差，美国联合英、法等签署了《广场协议》，允许美元对日元贬值，从而化解美国的巨额贸易赤字。为防止经济因出口下降而大幅下滑，日本一再下调利率，导致大量过剩资金流入房地产、股票等市场，吹起了巨大泡沫。面对经济过热，日本政府又大幅提升利率、对房地产贷款实施“总量限制”，导致股票、房产土地等价格暴跌。1990 年，日本仅因地产和股票下跌就损失了 1500 万亿日元（石海峰，2009）。在此后的 10 余年中，日本经济持续低迷，进入了“失去的十年”。

二、韩国提升产业链供应链竞争力的经验

20 世纪 60 年代以前，韩国因长期战乱出现产业和经济基础薄弱，在美国的经济和技术援助下，根据经济环境合理选择并集中力量发展不同的重点产业，实现了快速发展。韩国 20 世纪 60 年代开始承接全球产业转移，基于廉价优质的劳动力资源和成本优势将轻纺工业作为重点产业，之后将重点转移到重工业，发展电力、煤炭、钢铁石化和造船业，到 20 世纪 80 年代重点发展精密器械、电子等技术密集型产业，20 世纪 90 年代发展微电子、稀有材料、生物工程等产业，2000 年后向高新技术产业过渡，重点发展绿色低碳技术、智能汽车、5G、智能机器人等产业。

（一）韩国提升汽车产业竞争力的经验

韩国的产业政策以产业发展计划为代表。1962—1991 年，韩国共实施了 6 个五年计划。五年计划涵盖 5 年内重点发展的产业和目标经济增长率，从重点发展出口导向的轻工业、重化工业到技术密集型产业，动态推动韩国产业结构从初级向高级演进。除五年计划外，韩国政府还推出了相

关法律和工业发展计划。

以汽车产业为例，韩国在“一五”计划中提出了以引进技术和零部件组装的方式发展汽车制造业，1962 年制定汽车产业发展规划、颁布汽车工业保护法，大幅提高汽车进口关税。“二五”计划颁布汽车工业振兴法、发展汽车工业基本计划，20 世纪 70 年代初提出小轿车生产国产化、大轿车生产国产化目标。“三五”计划将整顿和发展汽车工业列为重点，1973 年将汽车工业列入“十大战略产业”之一，予以贷款、设备融资、技术引进援助等支持措施。受石油危机影响，1974 年制定了长期汽车工业振兴计划，扶持大企业集团，推进汽车产业现代化。到 20 世纪 70 年代末，韩国主要汽车品牌的国产率达到了 85% 以上。1985 年后转向国际市场，1987 年起逐渐取消了保护扶持政策，开放汽车市场，鼓励竞争，促进了汽车产业升级。20 世纪 90 年代，韩国政府明令汽车企业将销售额的 5%用作技术开发资金（杨再舜，2018），并建立企业附属研究所研制开发汽车顶尖零部件。近年来，韩国汽车企业逐渐国际化，全球销量一直名列前茅。例如，2021 年现代起亚集团的全球销量达 667 万辆，高居全球第三，其中海外市场营收占 81%。

（二）韩国提升半导体产业竞争力的经验

近年来，韩国半导体产业不断发展壮大，三星和 SK 海力士等企业成为全球半导体领域的头部企业，销售额稳居全球前五，并带动产业链上下游形成了庞大的半导体产业集群。截至 2020 年，韩国半导体在出口总额中已连续 9 年占比第一，成为韩国的“支柱产业”。

1. 承接全球半导体产业转移，实现替代式发展

积极迎接跨国公司投资建厂，政府通过产业政策扶持存储芯片技术发展。1965 年美国 Komy 公司在韩国投资建厂，标志着韩国半导体产业的起

步，之后美国仙童、摩托罗拉和日本东芝等公司纷纷在韩国投资建厂。起步阶段，韩国利用廉价优质劳动力资源为跨国半导体公司组装生产，生产的产品全部出口，竞争力较弱。为此，1975 年韩国政府出台了扶持半导体产业的 6 年计划，建立电子技术研究院等科研机构培育专业技术人才。1982 年后相继出台《半导体工业扶持计划》《半导体产业育成计划》《半导体工业振兴计划》，提出成立官产学研联盟主攻 DRAM 存储器芯片、提升生产能力。20 世纪 90 年代提出半导体设备国产化五年计划、新一代半导体基础技术开发项目等，研发半导体的战略性和先进基础性技术。

通过加大研发投入、开展逆周期投资等方式提升竞争力，承接日本半导体市场。在日美半导体贸易摩擦期间，全球存储器芯片供应短缺，美国为抑制日本半导体产业的发展，选择大量入股韩国半导体企业，支持韩国生产存储器芯片。此时，韩国注重技术开发，通过加快技术装备投资、自主研发、引进人才，缩小了与日美半导体技术之间的差距，形成了自主的技术体系，并于 1994 年实现了对日本存储器芯片的技术赶超。1996 年，全球半导体价格骤降，韩国半导体产业受到巨大打击，但以三星为代表的半导体企业敢于决策，通过逆周期投资进一步压低市场价格、挤出竞争对手，1998 年取代日本成为存储器芯片的第一生产国。由于存储器芯片利润空间相对较小，英特尔等美国企业逐渐退出存储器芯片市场。此后，韩国存储器芯片市场份额继续扩大，2019 年成为全球半导体第二大市场，占全球市场份额的 19%。

韩国半导体产业逐步优化产品结构，提高抗风险能力。20 世纪 90 年代后，以三星为代表的韩国半导体企业市场份额不断提升，但由于过度偏重存储芯片业务，导致产业抵御市场波动风险的能力较弱。为降低对存储业务的过度依赖，韩国开始大力发展附加值更高的逻辑芯片。例如，三星 2005 年开始承接晶圆代工业务，2011 年自有品牌的 Exynos 逻辑芯片面世，

2019 年 Exynos 芯片的市场份额达到 14.1%，为全球第三。目前三星是唯一可以与台积电竞逐 5nm 及以下最先进制程的半导体制造企业。2019 年 4 月，三星宣布将投资系统芯片的技术研发，计划到 2030 年共投入 133 万亿韩元，成为全球第一大逻辑芯片制造商。

2. 关键环节对日本单一依赖阻碍了产业竞争力进一步提升

韩国与美国经济贸易结构长期呈现“垂直依赖”的关系，因而与日本相比，面临的贸易摩擦较少。韩国半导体产业发展壮大后，美国也并未挑起半导体贸易摩擦，这是由于美国资本在其中发挥了重要作用。以三星电子公布的股权结构为例，2021 年第三季度，三星普通股和优先股中分别有 51%、72% 由外国投资者持有（见图 21）。

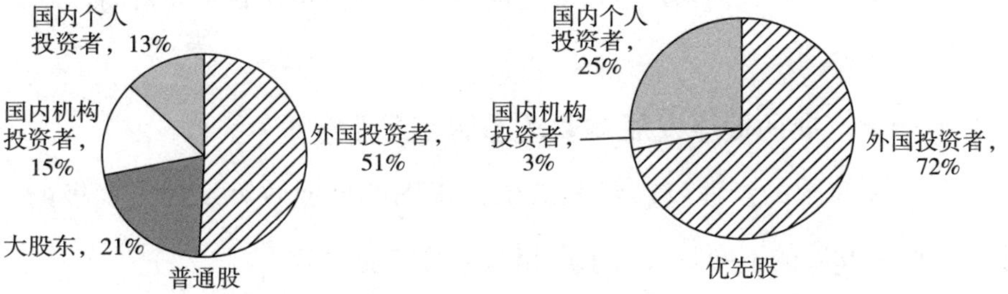

图21　三星电子2021年第三季度股权结构

资料来源：三星电子官网。

主导韩国半导体产业链上游原材料和制造设备的日本发起了日韩半导体贸易摩擦。日本在原材料和设备领域处于高度垄断地位，例如硅片、光刻胶、靶材料、保护涂膜、引线架、陶瓷板、塑料板、焊线等 14 种原材料的全球市场份额超过 50%，电子束描画设备、涂布 / 显影设备、清洗设备、氧化炉等 10 种重要前端设备的全球市场份额超过 50%。2019 年 7 月，日本经济产业省将韩国从适用宽松管制的“白色清单国”中删除，并严格限制对韩国出口含氟聚酰亚胺、光刻胶、氟化氢等原材料（朴光姬、李天国，2020），日韩半导体贸易摩擦拉开序幕。日韩半导体贸易摩擦反映出产业链稳定性和竞争力不足。据统计，2018 年韩国含氟聚酰亚胺、光刻胶、氟化氢 3 种原材料自日本的进口比例分别高达 93.2%、84.5%、41.9%。贸易摩擦爆发后，三星和 SK 海力士营收大幅下降，第三季度的营业利润分别下降了 40%、36%（朴光姬、李天国，2020）。这反映出韩国半导体产业在关键原材料、设备领域呈现对日本单一依赖的特点，从而大大阻碍了韩国半导体产业竞争力的进一步提高。

三、对我国提升产业链供应链竞争力的启示

在世界百年未有之大变局正加速演进的背景下，我国应借鉴日本和韩国产业发展经验教训来提升产业链竞争力，加快构建新发展格局。

（一）产业的健康发展需要动态调整产业政策

日本和韩国的产业发展经验表明，正确的产业政策发挥了积极的作用，在产业发展的不同阶段需采用相适应的产业政策。

一是产业的健康发展需正确选择重点和战略产业，根据产业的不同发展阶段采用适宜的产业政策积极引导。主要包括：①为产业发展创造条件的基本经济法规；②保护扶持产业发展的培育振兴法规；③调整衰退产业的援助法规；等等。

二是在产业发展的不同阶段，需采用相适应的产业政策。具体来说，对于幼小产业进行有效的培育扶持。例如，对特定行业的投资和研发提供补贴，给予贷款、税收、征地等优惠，提高产业的准入门槛并集中投资，组建合作联盟资助研究开发活动等。

对于成长型产业，积极提升产业链供应链安全性，培育技术设备本地生产能力。例如，鼓励企业引进最先进设备技术并“吸收—消化—产出”，

设置产业技术情报机构为企业提供技术指导和情报，通过低息或无息贷款鼓励民间投资研发，实行政府采购，采用特别折旧等方法鼓励企业技术改造等。

对于成熟型产业，减少政府干预，保障公平竞争。例如，放开市场准入和进出口限制，统一生产标准，制裁垄断行为，营造公平竞争的市场环境。在某一产业领先后，主动选择知识密集型新兴产业进行新一轮的培育等。

对于衰退型产业，实施调整活化政策。例如，实行特定萧条产业临时安定和改善措施，要求衰退产业制定调整计划，设立特定萧条产业信用基金帮助企业处置过剩设备、改善生产经营方式等。

（二）应把握技术变轨带来的掌握核心技术机遇

日本、韩国在汽车和半导体产业主动把握技术变轨机遇，通过自主创新实现了关键环节自主可控的经验值得借鉴。

准确把握产业变革趋势和技术变轨机遇，集中力量发展先导性、引领性、战略性的新兴技术产业，把握技术变轨机遇，掌握产业发展的主动权。一是要大力发展以信息技术、新材料技术、绿色产业为代表的新兴技术产业。日本的发展经验表明，一国新兴技术产业的竞争力对该国在全球价值链中的地位具有重要影响。基于我国经济、文化等独特条件，充分发挥新型举国体制优势，构建基础软件、半导体等产业联盟进行联合攻关，并对早期投资项目适当管控，避免过量、重复建设和过度竞争。二是要加强科技创新，把握正确的技术路线。作为后发国家，日本、韩国的跟随发展能力较强，但实现技术赶超后，在自主选择前沿领域和技术路线时都出现了不同程度的失误。我国需引以为戒，应加大基础研究投入，加快技术应用转化，合理布局，降低技术路线选择失误的风险。

统筹发展与安全，提升产业链关键环节的本地生产配套能力。日本、韩国的产业发展经验表明，提升产业链竞争力应注重提高重点领域原材料、装备、制造等关键环节的本地生产和配套能力。在掌握产品制造能力的同时，以龙头企业为核心带动全产业链协同发展，保证关键、核心环节掌握在自己手中，促进产业体系向价值链上游收缩。

（三）在妥善应对贸易摩擦的同时扩大国际市场

历史经验表明，以美国为代表挑起的贸易摩擦具有规律性。一是起因大体相同，例如大幅贸易逆差、失去战略领域的领先优势、他国产业保护扶持政策的阻碍等。二是主要目的基本一致，即通过打压对手来保持美国在经济、科技领域的领先优势是其发动贸易摩擦的主要目的。三是手段类似，主要通过双边谈判、单边贸易条款等手段来实施对其他国家的制裁。例如，使用或威胁使用《综合贸易与竞争法》的“301 条款”“超级 301 条款”和“特别 301 条款”。此外，联合盟友参与制裁、借助汇率战缩小贸易逆差、设局扣押对方的技术和管理人员也是美国的常用手段。

应探索利用多边和谈解决贸易摩擦，提升产业链竞争力。1995 年世界贸易组织建立后，日本按照世界贸易组织规则，解决了之后的日美汽车及零配件、照片胶卷、印刷纸张等贸易争端，提升了产业链供应链的竞争力。可借鉴日韩经验，有效利用世界贸易组织和多边谈判处理和解决贸易争端。同时利用好国际组织和民间力量，积极宣传我国优秀传统文化和互利共赢的合作理念，逐步改善国际舆论环境。

应积极开拓新的国际市场，避免陷入贸易摩擦僵局。以日本为例，20 世纪 90 年代末，开始积极开拓亚洲各国的市场；2002 年日本与新加坡签署经济合作协议，贸易路线开始多元化；2017 年，日本在亚洲的汽车产量已占其海外总产量的 50% 以上。日本在开拓海外市场的过程中，不仅逐渐降低了对美国市场的依赖，还提升了产业链供应链的全球化水平和国际竞争力。因此，我国应主动扩展多边外交关系，利用好全球性和区域性合作框架，在友好国家布局产业链供应链，积极扩大海外投资、拓展合作渠道。

（四）不轻易放弃核心发展利益，探索发挥自身优势

虽然日本、韩国的后发赶超过程为我国提供了有价值的发展经验，但无法解答如何实现从阶段性赶超迈向可持续领先这一关键问题。

一方面，日韩主动收缩甚至放弃国内外市场来避免与美国直接竞争的方法并不可取。这直接导致多个产业的竞争力下降。以日本为例，在主动限制对美汽车出口、扩大进口后，日本汽车出口量在之后的 10 余年内连续下滑，汽车产业竞争力被德国赶超。虽然日本在半导体上游的原材料和设备领域具有垄断地位，但其半导体市场份额已不足 10%，逻辑芯片技术严重落后，技术人才大量流失，直接导致智能手机、智能家电、5G 等产业失去了竞争力。

另一方面，日韩曾尝试以扩大内需来提振国内经济，但均未成功，无法提供经验借鉴。日韩在主动限制海外市场后，都试图通过扩大内需来替代海外市场需求，但受限于国内市场体量较小等原因并未成功。相比之下，我国拥有超大规模市场和全球最大的中等收入群体，居民消费快速升级，具备以扩大内需增强发展内生动力的条件。即便如此，放弃国际市场也会大大压缩发展空间，必须坚持对外开放基本国策，统筹国内国际两种资源、两个市场。

在新发展阶段，既要虚心学习借鉴国外的有益经验，又要立足国情、坚持独立自主，在涉及核心发展利益的领域不轻易妥协退让。发挥我国超大规模市场和完备产业体系的优势，坚持自主创新，加快推动供给侧高质

量发展，不断满足并扩大国内市场需求，同时加强国际市场合作，推动产业链供应链多元化，形成国内国际双循环相互促进的新发展格局。

执笔人：路倩

参考文献

[1] 小宫隆太郎，奥野正宽，铃村兴太郎. 日本的产业政策[M]. 黄晓勇，韩铁英，吕文忠，等译. 北京：国际文化出版公司，1988.
[2] 陈燕春，王琨. 日本汽车产业“整零”关系演变对我国的启示[J]. 汽车工业研究，2010（3）.
[3] 朱晶，张艳菊. 日、韩汽车产业发展国际经验的总结及对我国的启示——兼论幼稚产业的发展[J]. 时代人物，2008（7）.
[4] 刘家磊. 中、日、韩汽车产业政策对比[J]. 时代汽车，2012（Z1）.
[5] 冯昭奎. 日本半导体产业发展与日美半导体贸易摩擦[J]. 日本研究，2018（3）.
[6] 石海峰. 日本“失去的十年”与我国当前经济对比及启示[J]. 改革与开放，2009（1）.
[7] 朴昌根. 解读汉江奇迹[M]. 上海：同济大学出版社，2012.
[8] 朴光姬，李天国. 日韩贸易争端的起因、走向及启示[J]. 东北亚学刊，2020（2）.
[9] 杨再舜. 韩国汽车产业发展的经验借鉴[J]. 汽车与配件，2018（15）.

行业篇

行业报告一

新发展格局下提升我国纺织服装产业链供应链稳定性和竞争力研究

纺织服装产业是我国在全世界居于领先位置的产业之一，在我国制造强国建设进程中处于第一梯队，也是我国最有潜力率先跨入世界制造强国行列的产业之一。纺织服装产业是各国竞争力持续转换、稳定性较差的典型产业，其作为典型的劳动密集型产业，劳动力成本占比较大，因此纺织服装强国发展到一定的水平后，会出现向后发国家转移的情况。从发展迁移的历史来看，工业革命后纺织服装产业从英国兴起，随后迁移到美国再迁移到日本；在全球经济发展过程中，国际分工不断深化，纺织服装产业的设计与销售板块留在欧洲、美国和日本，而加工板块则继续向中国、东南亚和南亚迁移。第一次、第二次的产业迁移，伴随着世界经济中心的转移，而第三次至第五次的产业迁移则是社会分工深入的结果。

随着我国产业发展迈入新阶段，如何突破技术创新瓶颈、合理引导产业转移、持续优化产业结构和妥善处理贸易摩擦等问题，在稳固世界第一生产大国的基础上实现高质量发展是时代交给我国的一个重要课题。因此，现阶段有必要对我国纺织服装产业进行深入研究，分析其产业链供应链稳定性和竞争力的现状、挑战、机遇和提升路径。

一、我国纺织服装产业发展态势及国际竞争力变化

（一）我国纺织服装产业进入规模回落结构优化的新阶段

1. 纺织服装产业的规模已经出现显著回落

改革开放以来，我国纺织服装产业规模呈现先快速增长后触顶回落的趋势，特别是2016年以来，无论是纺织服装产业营业收入的绝对值还是在整体工业企业中的占比都呈现下降的趋势。2020年，全国纺织服装产业实现营业收入3.73万亿元，同比下降7.3%，占全国工业营业收入的3.4%，同比下降8.7%（见图22）；利润总额也是在2016年达到峰值4471.3亿元后逐年递减，2020年仅为2299.3亿元，同比下降10.5%（见图23）。

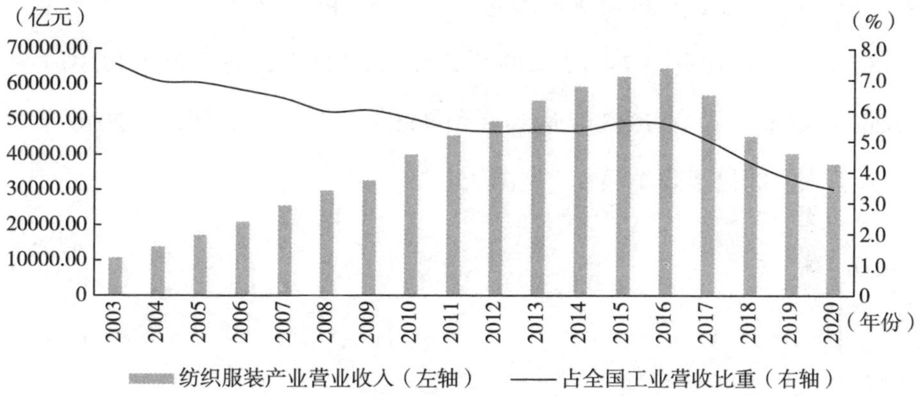

图22　纺织服装产业营业收入及占全国工业营业收入比重情况

资料来源：Wind。

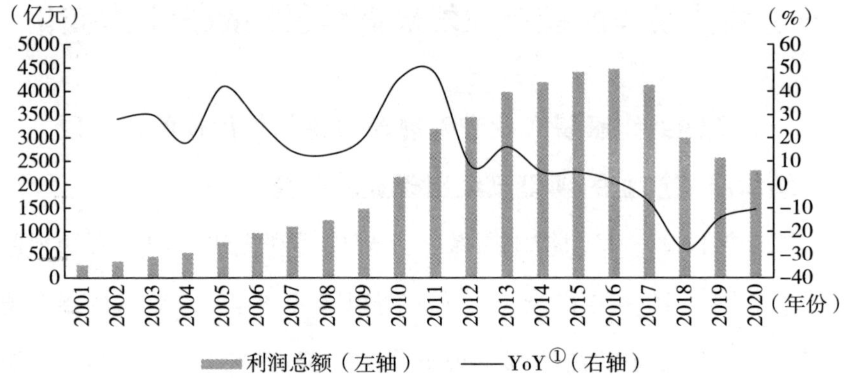

图23 纺织服装产业利润总额及历年增长情况

资料来源：Wind。

从纺织服装产业代表性产品的产量和就业总量看，同样出现了触顶回落的现象。我国纺织服装产业链主要产品生产方面，纱和布的产量在2016年分别达到3732.6万吨和906.75亿米后开始回落。2020年，纱的产量为2618.3万吨，同比下降7.4%；布的产量为459.2亿米，同比下降17.3%（见图24）。就业人员在2013年达到峰值455.4万人后开始回落，2020年为237.6万人，同比下降10.4%（见图25）。

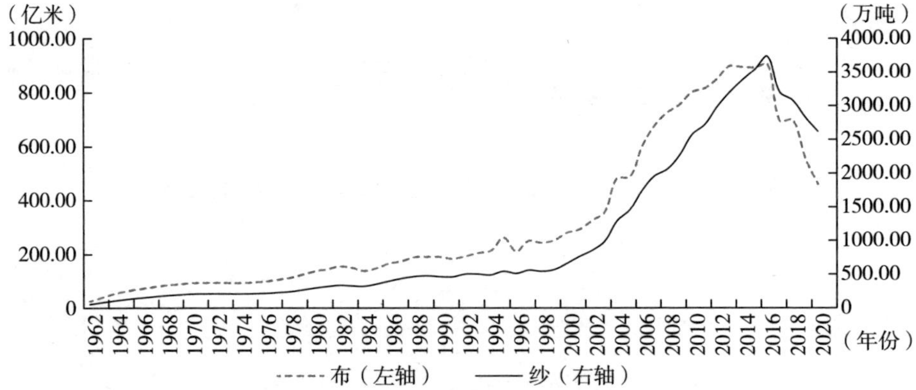

图24 纺织服装产业链主要产品生产情况

资料来源：Wind。

① YoY，全称Year-on-Year，指同比增长率。

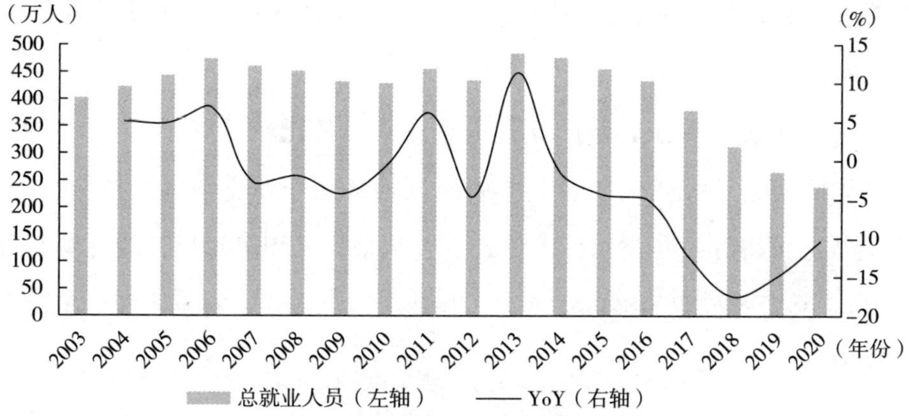

图25　纺织服装业就业人员情况

资料来源：Wind。

2. 纺织服装产业出现了多方面的结构优化

结构调整稳步优化。“十三五”期间，服装、家纺及产业用纺织品三大终端产品纤维消耗量比重由2015年的46.4：28.1：25.5调整为2020年的40：27：33。“十三五”末，我国高性能纤维总产能占世界的比重超过1/3，产业用行业纤维加工量达1910万吨，较2015年增长40%以上，有效满足多元化、多层级、多领域市场需求。

行业创新投入不断加强。高新技术纤维产业化和应用不断推进，产业用纺织品的开发应用不断加快，纺织装备自主化水平不断提高。2019年纺织服装类上市公司全年研发实际支出总计206.66亿元，同比增长22.36%。截至2020年底，纺织行业共有国家制造业创新中心2个、国家重点实验室6个、国家工程研究中心2个、国家企业技术中心81家（含5家分中心）、国家认定企业工业设计中心12家；中国纺织工业联合会认定的行业重点实验室59个、技术创新中心37家。

区域分布上的调整和优化特征明显。东部地区积极发挥引领作用，加速产业升级步伐，推进中心城市都市产业建设。中部地区完善纺织产业制造体系，利用产业基础优势发展特色产业，发挥比较优势发展终端产品制造业。西部地区重点发展特色产业，加快资源优势向产业优势转化。

（二）我国纺织服装产业在全球竞争力的比较

国际贸易状况是最能客观准确地反映各国产业竞争力的指标之一。根据数据可得性及各类指标的优缺点，本报告采用显示性比较优势系数（RCA）判断各行业的出口竞争力，并结合国际市场占有率判断竞争力变化情况。

从相对比较优势看，多数纺织服装产业的竞争力在下降。在不少纺织服装的细分领域，我国都占有全球市场 30% ~ 40% 的份额，比较优势仍然较为明显。经计算，我国纺织原料、纺织制品以及服饰产品的 RCA 大部分在 1.25 以上，其中 2019 年具有极强国际竞争力的有蚕丝、化学纤维长丝等产品（见表 13），同时需要注意的是服装及衣着附件、鞋靴等产品从原来的极强竞争力降为较强竞争力。

表13　我国纺织服装细分行业的比较优势

产品	HS编码	RCA			中国出口（亿美元）	全球规模（亿美元）	市场份额（%）
		2002年	2012年	2019年			
蚕丝	50	7.12	4.83	3.68	9.95	19.97	49.82
羊毛、动物细毛或粗毛；马毛纱线及其机织物	51	1.83	1.59	1.40	23.59	125.01	18.87
棉花	52	2.68	2.00	1.95	141.43	534.87	26.44
其他植物纺织纤维；纸纱线及其机织物	53	3.32	2.37	2.00	13.68	50.51	27.08
化学纤维长丝	54	1.59	2.71	3.28	222.12	500.82	44.35
化学纤维短纤	55	2.23	2.43	2.59	123.95	353.73	35.04
絮胎、毡呢及无纺织物；特种纱线；线、绳、索、缆及其制品	56	0.70	1.40	1.66	60.62	269.59	22.49
地毯及纺织材料的其他铺地制品	57	1.35	1.55	1.38	29.21	156.44	18.67
特种机织物；簇绒织物；花边；装饰毯；装饰带；刺绣品	58	2.55	3.24	3.14	53.19	125.35	42.43

续表

产品	HS编码	RCA			中国出口（亿美元）	全球规模（亿美元）	市场份额（%）
		2002年	2012年	2019年			
浸渍、涂布、包覆或层压的纺织物；工业用纺织制品	59	0.91	2.49	2.28	79.70	257.93	30.90
针织物及钩编织物	60	2.43	3.31	3.88	186.72	355.93	52.46
针织或钩编的服装及衣着附件	61	3.65	3.67	2.14	714.40	2471.9	28.90
非针织或非钩编的服装及衣着附件	62	3.72	2.82	2.05	667.98	2404.5	27.78
其他纺织制成品；成套物品；旧衣着及旧纺织品；碎织物	63	4.64	3.76	3.12	279.18	661.23	42.22
鞋靴、护腿和类似品及其零件	64	4.36	3.52	2.24	478.04	1576.7	30.32
帽类及其零件	65	4.64	4.54	3.27	46.53	105.30	44.19

资料来源：作者计算。

（三）我国纺织服装产业在全球的价值链位置持续提升

纺织服装产业作为劳动密集型行业，其未来仍是向原料端和消费端两个方向发展。在全球的价值链条中，品牌和销售主要掌握在美国、欧洲和日韩少数企业手中，先进面料生产日韩处于领先位置，高品质羊毛等原材料澳大利亚具有话语权。而中国、东南亚及南亚国家主要位于价值链条的低端。2021 年我国纺织服装产业进入《财富》世界 500 强的企业有纺织行业的恒力集团有限公司和山东魏桥创业集团有限公司，分别排在第 67 名和第 282 名，服装行业无上榜企业；进入世界品牌 500 强的企业有纺织行业的恒力集团有限公司、盛虹集团有限公司和山东魏桥创业集团有限公司，分别为第 379 名、第 399 名和第 462 名，同样无服装行业的企业上榜。中国未来的发展方向在于提高产品的附加值（如纤维和纺织材料的研发），向产业链的两端优质原材料及品牌销售延伸，产业的低附加值部分向中西部地区及周边国家转移是发展趋势。

1. 从全球价值链指数看我国纺织服装产业在全球价值链的位置持续提升

对于纺织服装产业，1995—2017 年后向垂直专业化指数（VS）变化较大，从 1995 年的 17.84% 小幅下降到 1998 年的 14.57%，然后上升到 2004 年的 20.51%，又在 2004—2017 年持续下降到 9.39%。前向垂直专业化指数（VS1）波动幅度较小，从 1995 年的 11.26% 上升到 2000 年的 15.18%，之后基本稳定在 12% ~ 14%。全球价值链下游度总体呈下降趋势，从 1995 年的 1.58 到 2017 年的 0.68，可以看出 2005 年以来纺织服装产业在全球价值链中的分工一直在逐渐向上游环节移动（见图 26）。

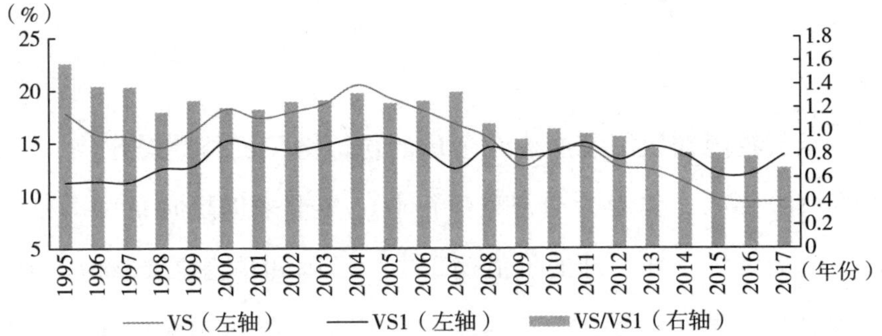

图26 纺织服装产业垂直专业化率与全球价值链下游度

资料来源：作者计算。

2. 其他研究结果同样显示我国已经成为全球纺织服装产业的中心节点

“十三五”期间，我国纺织行业在全球价值链中的位置稳步提升，产业链整体竞争力进一步增强。2020 年，我国纺织纤维加工总量达 5800 万吨，占世界纤维加工总量的比重保持在 50% 以上，化纤产量占世界比重的 70% 以上。2020 年，我国纺织品服装出口额达 2990 亿美元，占世界的比重超过 1/3，稳居世界第一位，其中纺织品出口额占全球的比重从 2016 年的 36.6% 上升到 2019 年的 39.2%。纱线、织物和纺织制成品的出口竞争力指数分别提升到了 27.9%、85.5% 和 88.7%。《全球价值链发展报告 2019》显示，我国已成为名副其实的世界纺织中心。

二、我国在纺织服装产业链供应链主要环节的发展情况

纺织工业产业链长，链条各环节专业化程度高，产品种类繁多，涉及上游原辅料制造，中游织造、印染环节，下游服装、家纺、产业用三大终端（见图 27）。纺织服装产业链主要包括纺织工业及化学纤维、棉纺织、毛纺织、丝绸、麻纺织、长丝织造、印染、针织、服装、家用纺织品、产业用纺织品、纺织机械 12 个子行业。

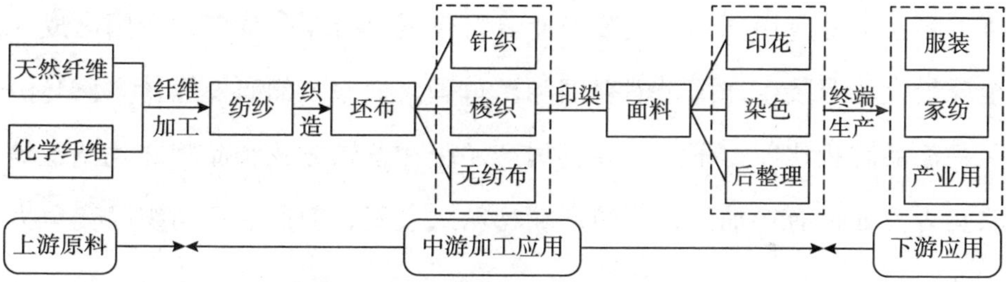

图27　纺织服装产业链基本示意图

资料来源：作者根据公开资料整理。

我国纺织工业拥有全球规模最大、体系最为完善、门类最为齐全的纺织产业链，不仅有覆盖全产业链的大型纺织集团作为行业领军，还有以中小企业为主的纺织产业集群抱团发展。世界上制造能力覆盖纺织全产业链的大型纺织企业集团绝大部分是中国企业。

近年来，纺织行业自主可控、安全高效的产业链供应链持续巩固，稳定性持续提升。我国纺织行业原料和装备的保障能力不断提升。目前，纺织产业链配套自给能力在我国工业体系中位居前列，化纤、面料自给率超过 95%，纱线自给率超过 90%，装备自给率超过 80%；高端装备关键基础

件的国产化率达到50%以上；化纤炼化一体化取得重要进展，主要原料自给率持续提升，对二甲苯（PX）、乙二醇（EG）等原料的进口依存度均为50%以上。纺织机械技术也是不断进步，国产品牌已可基本满足国内市场部分需求，中国纺织机械在国内市场上的占有率从2001年的37%提升至2019年的80%以上，实现了飞跃式提升。

从上中下游环节来看，我国纺织服装产业在各个环节各有优劣。上游原料和纺织机械方面，原料产量优势明显，部分纺织机械具有一定优势，但高端纺织机械关键技术与装备需依赖进口；中游原料加工应用环节，棉纺产业综合实力很强，我国纱、布产量均居全球第一，常规纤维世界领先，印染优势明显，但高性能纤维和生物基原料与发达国家有显著差距；下游应用环节，服装产业具有较强综合竞争优势，我国已成为全球最大的服装生产国、消费国和出口国，但服装的研发设计方面与国际一流品牌相比能力不足，并且国产品牌在营销方式和品牌文化塑造等软实力方面也有待加强，家纺产业梯队式发展，但产业用纺织品竞争力不强。

三、纺织服装产业链供应链稳定性和竞争力的主要挑战及机遇

尽管我国纺织工业拥有全产业链综合竞争优势，但我国纺织工业发展正面临发达国家“再工业化”和发展中国家加快推进工业化进程的“双重挤压”。发达国家在科技研发和品牌渠道方面优势明显，在高端装备、高性能纤维、智能纺织品服装等领域的制造能力仍将增长。亚洲、非洲地区的发展中国家劳动力成本优势明显，印度、越南、孟加拉国、巴基斯坦等发展中国家纺织业呈明显上升趋势。发达国家在科技研发和品牌渠道

方面的优势和发展中国家的劳动力成本优势使得我国纺织工业面临“双重挤压”。

同时，我国在大数据、云计算、电子商务及网络设施的演进等方面发展较快，数字化和智能化为纺织服装产业的下一步发展升级提供了新的驱动力。

（一）相对成本优势已经持续下滑

近年来，我国纺织服装产业的企业数量在2011年经历了大幅度减少后逐渐趋于平稳，主营业务成本在2016年之后开始回落。2020年，纺织业企业单位数为19122个，纺织服装、鞋、帽制造业企业单位数为14827个，纺织业主营业务成本2.43万亿元，纺织服装、服饰业主营业务成本1.45万亿元（见图28）。

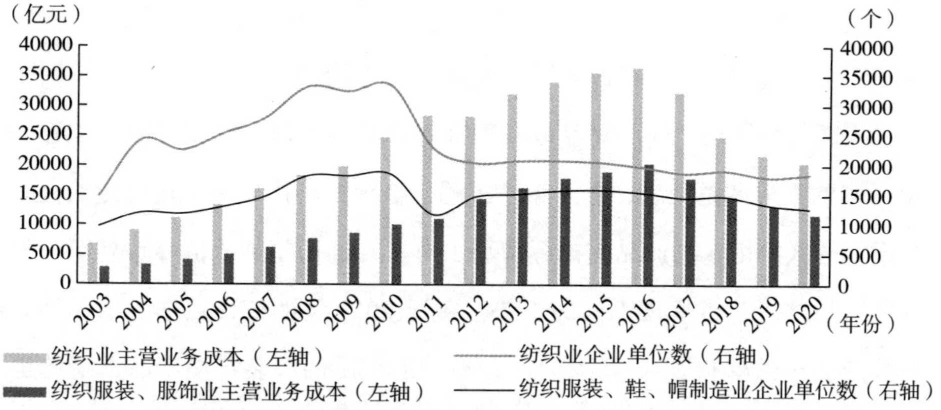

图28　纺织服装产业主营业务成本及企业单位数

资料来源：Wind。

劳动力工资方面，我国制造业总体工资不断增长，2020年已经达到年均74641元，其中专业技术人员年均106681元，生产、运输设备操作人员及有关人员年均61324元。与东南亚和南亚等国家相比，劳动力优势不再。以各国首都平均工资做比较，2021 年 9 月数据显示，北京月平均税后工资 1341 美元，约为曼谷 703 美元的 2 倍，并远高于其他东南亚和南亚的国家（见图 29）。

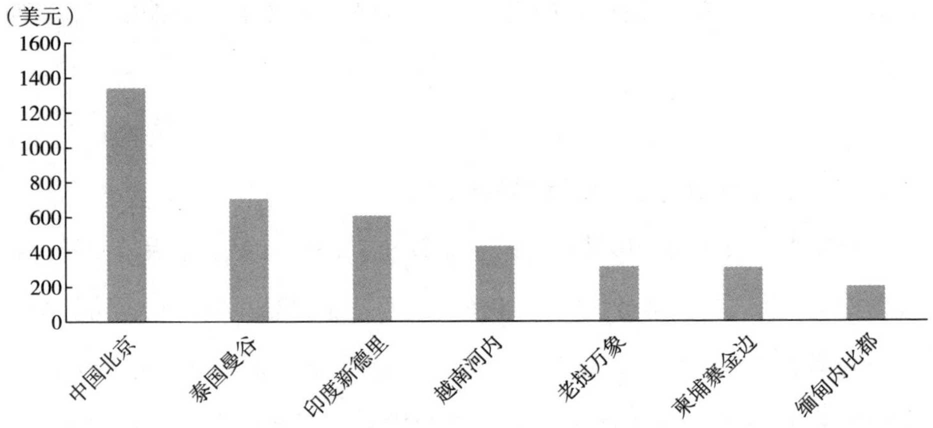

图29　各国首都月平均税后工资情况

资料来源：Wind。

（二）全球市场份额较大但部分产业下滑明显

我国纺织原料、纺织制品以及服饰等产品的出口规模在经历了 2013—2016 年的下滑调整之后，近几年已经趋于稳定，整体规模总量仍然处在一个很大的区间内，各产品的国际市场占有率在经历了加入世界贸易组织的快速增长之后，也呈现不同的走势。截至 2019 年的统计数据显示，绝大部分产品仍然保持 20% 以上的占有率。但下游的服装鞋帽产品下滑趋势明显，其他产品也面临着短期内贸易摩擦、长期上产业转移等风险。

（三）产业链部分环节开始向外转移，产业链稳定性面临挑战

随着国际采购商对纺织服装采购区域趋于多元化，采购订单更加碎片化，全球纺织产业链供应链格局也在发生变化。当前我国在欧盟、美国、日本等全球重要纺织品服装进口市场的份额已部分被越南、孟加拉

国、印度、巴基斯坦、柬埔寨等东南亚和南亚国家取代。中美贸易摩擦以来，该趋势更加明显。全球纺织产业链供应链格局的加速重塑，纺织服装产业在国际上的转移也呈现转移领域向纺织服装产业链的上下游环节延伸和外包这两个新特征。一方面对我国现有纺织产业发展造成了不小压力；另一方面也为全行业进一步提质增效、转型升级、加快向全球产业价值链高端布局提供了发展动力。

（四）数字化、智能化转型是提升我国纺织服装产业稳定性和竞争力的重要机遇

从目前纺织行业整体情况来看，设备自动化、数字化改造力度较大，设备联网、生产实时监控成效明显；电脑横机、经编设备的数字化和数字加工中心，提升了针织生产的整体智能水平；印染行业生产工艺流程的自动化控制和智能物流输送技术的应用越来越广泛，代表性的数字化印染工厂初步形成；非织造布全流程自动化以及前端加料与后端分切、卷绕、包装自动化进展较快；服装缝制单元自动化水平明显提升，缝纫过程实现吊挂化，服装智能制造整体解决方案日趋成熟，服装大规模个性化定制与协同制造得到发展；家纺的毛巾、床品等品类的智能生产逐步兴起，智能输送、智能悬挂、智能仓储取得较大进步。终端成品的销售还可以借助电子商务优势实现线上引流线下、实体门店智慧化升级等。

数字化转型能力已成为中国纺织服装产业赢得当下和未来发展的关键所在与核心动能。纺织行业智能制造的实践，在提高生产效率、提升产品质量、加快市场反应速度、缓解用工短缺和环境制约方面发挥了重要作用。但目前仅仅实现了自动化、数字化和信息化，离真正智能化要求还有不小的差距。与国外先进水平相比，我国在纺织装备互联互通，纺织产业

链各领域的数据采集、信息融合、智能执行，以及企业智能运营等方面还有一定差距。

四、纺织服装产业链供应链稳定性和竞争力的提升路径

（一）加快纺织服装产业的数字化智能化改造

全行业应加强协同创新，不断完善和改进智能制造基础水平。传统纺织要从大量用人的制造模式转变为自动生产、自动物流、自动仓储、自动检测的少人、无人制造模式；从基于工艺准则的制造模式转变为数据驱动的智能优化制造模式；从线性制造模式转变为互联互通的网络化生产模式；从基于大规模订货的制造模式转变为多品种小批量柔性化制造模式，从单一工厂运营模式转变为分布协同式制造运营模式；从生产决定消费的制造模式转变为消费决定生产的模式。

（二）发挥我国电子商务新优势

首先，要强化电子商务培训，提高运营管理能力，加强电子商务人才引进与培育方面工作。其次，开展会展等商务对接，促进线上线下同步发展。推动各大电子商务机构组织会员参加展会，或者组团直接与上下游客户采购对接，提高销售成效。再次，完善物流及售后服务体系。充分利用原有的实体空间完善其仓储，并且确保大中城市较为全面的仓储建设，以方便补充和调配货源；售后服务方面，保证企业在电子商务渠道下的服务内容与传统渠道一致。最后，进一步发挥我国电商平台优势，更好地掌握市场渠道，助力纺织服装企业更好发展。

（三）充分利用国际资源推动产业链各个环节的升级

吸引跨国公司对纺织服装产业投资，优化产业链，完善产业体系。目前，我国纺织服装产业仍具有吸引外商投资的有利条件和较大空间。一方面，要继续优化中西部地区的投资环境，促进因东部沿海地区成本上涨而意欲转移的资本向中西部流动，以提高中西部地区的工业化水平；另一方面，为纺织服装产业跨国公司对华投资创造有利条件。

重点引导企业继续整合国际产业链价值链高端资源，包括高端制造能力、品牌及渠道、研发技术资源等。在跨国公司的全球布局中，争取获得其产品价值链的关键环节，从而完善纺织服装产业的产业体系，进一步提高我国纺织服装产业的国际分工地位。

执笔人：许召元　孙昊

行业报告二

新发展格局下提升我国钢铁产业链供应链稳定性和竞争力研究

我国钢铁行业已经形成完整产业链，在国际市场具有较强的竞争力。但当前钢铁行业短板问题依然突出，具体包括四大问题：铁矿石、合金材料供求矛盾加剧，节能减排、实现碳中和目标存在较大压力，高性能合金钢存在技术瓶颈，智能化程度不高。为了提升产业链供应链稳定性和竞争力，关键在于创新，具体措施包括：建成高质量原料保障体系，坚持推进我国钢铁行业向绿色化与低碳化转型，促进钢铁行业智能化与数字化发展，始终将核心技术攻关作为科技创新的主攻方向。

一、钢铁产业链基础框架概述

（一）钢铁生产基本流程

现代钢铁生产主要包括两种典型流程：一种是以铁矿石、焦炭为源头的长流程，另一种是以废钢、电力为源头的短流程。具体而言，长流程包括焦化工序、烧结工序、高炉炼铁工序、转炉炼钢工序、连铸工序和轧钢工序6个工序；短流程主要包括电炉炼钢工序、连铸工序和轧钢工序。我国钢铁行业形成以长流程为主、短流程为辅的生产格局。

（二）钢铁产业链上游：煤炭及铁矿石

1. 中国因素推动世界对铁矿石需求持续旺盛

目前，虽然全球电炉钢产量占比已逾三成，但我国仍以长流程工艺为主，2019 年我国转炉生产工艺产钢比例达到 71%，粗钢产量约为 13 亿吨，所需铁矿石 20.8 亿吨，中国对铁矿石的旺盛需求使得国际炼钢长期以铁矿石为主要原料。

2. 四大矿商对全球铁矿资源高度垄断

目前，全球优质铁矿石原产地主要分布在澳大利亚、俄罗斯、巴西与非洲，诞生了淡水河谷、力拓、必和必拓和 FMG 四大矿商，四大企业垄断世界过半铁矿石资源，它们的铁矿石价格常年保持在 20 美元 / 吨上下，仅为世界铁矿石平均成本的 2/3，淡水河谷矿石开采成本甚至低于 10 美元 / 吨。

3. 长流程将长期作为世界钢铁主流的生产工艺

目前，世界钢铁生产依旧以长流程为主要的生产工艺，铁矿石将长期位于原材料的主导地位。以中国为例，虽短流程工艺有了长足发展，但由于铁矿石价格上涨、新冠疫情下电炉钢开工率不足，电炉钢未来发展前景不太好，这决定了长流程工艺将长期在世界钢铁生产中扮演主要角色，意味着铁矿石需求将长期保持高位。

（三）钢铁产业链中游：冶炼及加工

钢铁行业的中游环节包括从生铁制备粗钢再到加工生产各类钢材的全过程。我国钢材产品主要包括螺纹钢、线材、冷轧板卷、热轧板卷、涂镀层、中厚板等。目前我国已经涌现出一大批龙头企业，包括武宝钢铁、河钢、沙钢、鞍钢等。

（四）钢铁产业链下游：生产及制造

我国钢铁产品分布行业广泛，主要涉及基建、房地产、机械、汽车、船舶与家电行业。钢铁下游总体需求稳定，保持着持续增长，这和基建、房地产市场的稳健运行密切相关。此外，钢铁产业链下游具有明显的区域特征，钢铁产品消费企业主要集中于长三角地区与珠三角地区，龙头企业则主要分布在山东、江苏与广东。

二、钢铁产业全球竞争力分析

（一）产品门类优势

我国钢铁产业门类齐全，已经形成包括选矿、烧结、焦化、炼钢、轧钢、耐火材料、钛合金，以及勘探、设计、施工、科研等门类齐全、结构完整的工业体系。目前，我国22大类钢铁产品已经有19种完全实现自给自足，其余3种自给率也达到了98.8%（贾林海，2021）。

（二）产业规模优势

中国作为世界上钢铁产量第一的产能大国，2020年钢铁产量占全球总产量的56.7%，远超钢铁产量第二大国印度（5.95%）。同时，中国也是世界上最大的钢铁出口国，钢铁出口总数占全球的14.63%，约是钢铁产量第二大国日本（7.59%）的两倍（胡兵，2021）。

（三）炼钢技术优势

我国炼钢技术优势体现在3个方面：第一，汽车用钢，大型变压器用电工钢，高性能长输管线用钢，高速钢轨、建筑桥梁用钢实现全球领先；第二，部分钢材完成了减重减碳的任务，如宝钢QP1500高强度汽车钢，其重量相较于上一代降低了20%（邢娜等，2021）；第三，解决了部分高性能钢“卡脖子”的难题，如极低钢损取向硅钢、600MPa ~ 750MPa级高精度磁轭钢、先进核能核岛关键装备用耐蚀合金、核电用不锈钢、高品质汽轮机叶片钢、低温管线钢、基地特种低温钢等。

（四）炼钢装备优势

在焦化供需方面，我国大容积焦炉顶装达8米，我国炭化室高5.5米及以上先进水平焦炉产能已占55.6%，其中干熄焦、上升管余热利用、循环氨水余热利用、焦炉烟道气脱硫脱硝、酚氰废水深度处理等先进技术实现了全部国产化（陈健、陈志，2020）。在铁前工序方面，1000立方米以上高炉近20年扩增9倍，已达450座，其中130平方米以上烧结机占比达到75%，单机生产能力≥120万吨/年的球团装备产能增加至1.5亿吨，占比60%左右（张燕明，2020）。在连铸方面，我国连铸设备实现大型化、国产化。其中100吨以上转率占比超过50%，达到440座，初步实现100吨级主力化。

三、钢铁产业短板问题

（一）铁矿石、合金材料供求矛盾依然存在

目前，钢铁行业原材料供应链脆弱主要体现在以下方面。

第一，我国铁矿石品质差、难开采，产能无法满足国内需要。我国90%以上铁矿石均属于贫矿，平均品位仅有35%。除了含铁量较低，我国铁矿石以磁铁矿和赤铁矿为主，部分为假象赤铁矿和半假象赤铁矿，冶炼难度极大、成本极高。第二，我国原材料对国外过于依赖，进口来源过于集中。我国铁、锰、镍对外依存度已突破80%红线，铬矿甚至全进口，并

且这种高度依赖状况将会维持很长一段时间。

（二）碳中和目标实现任重道远

钢铁行业占能源活动领域碳排放量的 17%，远高于第二位、第三位的建材（8%）和化工（6%）行业。2017 年，我国重点大中型钢铁企业钢综合能耗达 555 千克标准煤 / 吨，远高于德国 251 千克标准煤 / 吨、美国 276 千克标准煤 / 吨。

（三）高性能合金钢存在技术瓶颈

我国高端设备用钢材料整体处于中低端水平，生产高端设备用钢的核心零部件与设备尚不能实现自给自足。基建领域，特种耐腐蚀油井管、船用耐蚀钢、高速铁路用车轴及轴承钢、高标准模具钢尚不能实现国产；海洋工程与船舶用钢领域，普通海洋装备用钢可以基本实现自给自足，但是高端领域尚未实现零的突破（见表 14）。

表14　关键品种国内外差距

关键品种	国内先进水平	国际先进水平	自我评价
高强度厚板	460～690MPa，E级焊前预热80～120℃	690～785MPa，F级室温焊接不预热	并跑
690MPa级齿条钢特厚板	620MPa，E级厚度114～152mm	620～720MPa，F级厚度127～256mm	跟跑
大口径高强度无缝管	690～720MPa，E级最大壁厚20mm	690～720MPa，F级最大壁厚40mm	跟跑
高强度大规格H型钢、T型钢	355～390MPa，E级翼缘厚度小于40mm	460～550MPa，F级翼缘厚度100mm，腹板长430mm	跟跑
高强度大规格球扁钢	非调质355MPa，D级最大厚度规格36#	非调质390MPa，E级最大厚度规格43#	跟跑
货油舱用耐候钢	315～355MPa，上甲板ECL=1.28mm，内底板C.R.=0.24mm/a	315～355MPa，上甲板ECL=1.53mm，内底板C.R.=0.5mm/a	并跑

资料来源：《中国钢铁工业年鉴2020》。

四、提升钢铁产业链供应链稳定性和竞争力的主要思路与路径

（一）提升产业链供应链稳定性和竞争力的总体思路

钢铁行业应充分认识到国内外政治、经济形势转变，抓住机遇，加紧调整产业结构，争分夺秒发挥创新驱动新产能，补短板、强长板，培养钢铁行业竞争新优势。

（二）提升产业链供应链稳定性和竞争力的总体布局

第一，加速科技创新，打造发展新动能。要想实现从钢铁生产大国向钢铁制造强国的转变，完善科技体系、培养核心技术成为关键。我国钢铁行业应加强人才培养，集中力量攻克前沿技术、核心工艺、关键品种生产流程，实现在低碳冶金、近终形制造、智能制造等方面快速超车。

第二，补足原材料短板，维护钢铁生产安全。目前我国铁矿石对外依存度超过 80%，产业链存在巨大风险，钢铁原料供应脆弱极易引发钢铁生产系统性风险。

第三，加快并购重组，提高行业集中度。我国虽是钢铁生产大国，但是行业集中度过低，存在部分底价竞争导致我国在国际市场缺乏议价权，行业利润长期低于发达国家，行业集中度尚未达到世界平均水平，重组的步伐还需加快。

五、钢铁产业锻强产业链供应链的政策建议

（一）建设稳定、高质量钢铁原材料保障体系

新发展格局对我国钢铁行业原材料供应链安全与保障体系建设提出了

新的要求，加快构建长期、多元、稳定的原材料供给体系成为目前亟须解决的重大课题。

供给侧层面，为打造稳定的原材料保障体系，国内市场需要对原有矿产材料进行进一步整合深化，在保证产量的基础上，调整供给结构，有序提高铁矿石品位。

需求侧层面，我国应把握兼并重组的关键期，通过成立大型钢铁企业，逐步实现掌握定价话语权的目标。

（二）钢铁行业加快绿色化、低碳化转型

“十四五”期间，我国出台了有史以来最严格的环保标准，钢铁行业也面临超低排放的现实压力，为实现我国钢铁行业可持续绿色发展，需要从以下两个方面着手。

1. 碳排放交易市场落地

碳排放交易核心是将碳排放权商品化。2011 年我国已启动试点工作，2013 年首个碳排放交易中心正式落地深圳，并于 2020 年在全国正式启动。钢铁行业需要进一步建设碳排放核算体系，完善控碳生产流程，加强从业人员培养，为钢铁市场进入碳交易市场铺路。

2. 进行碳减排工艺改造

钢铁绿色生产摒弃过去长流程冶炼技术，以电炉钢与氢能炼钢为主。电炉钢以废钢为原材料，以电力为主要能源，具有能耗低、排放少的特点，符合当前的环保要求。氢能炼钢则创造性地以氢气代替一氧化碳作为炼钢还原剂，让炼钢完全脱碳成为可能。

（三）加速钢铁智能化与数字化转型

目前，智能制造成为国际产业发展的攻坚方向。钢铁行业需要充分抓

住信息革命这一重要的历史时期，在钢铁生产与管理运营中融入物联网、人工智能、大数据与云计算等技术，优化生产流程，减少决策失误，降低生产成本，培育后发优势。

1. 构建精准数据库

数字化的核心是大数据，数据质量将直接影响大数据的运用结果。钢铁企业进行数字化转型，构建精准数据库是首要前提。数据库要求逻辑清晰、构建完整，注重业务与实物紧密联系，注重数据框架、频次、分析三位一体，不可偏废，同时企业也要根据自身特点建立数据库，为数字化转型打下坚实基础。

2. 加速生产智能化

钢铁行业生产流程复杂、环节把控较难、能源浪费现象较普遍，开展智能工厂、智能公司的建设可以实现智慧赋能，对提高产品质量、增强产品效益、保障生产安全、协同产业链发展具有重要作用。

（四）将核心技术作为钢铁行业发展的主攻方向

2019 年我国进口钢材 1230 万吨，其中约 20% 未实现国产化，这部分钢材涉及我国重大基建项目、保密国防军工、重大科技设备等关键领域，过于依赖国外进口。此外，制造业对钢材防腐、轻便、焊接提出了新的要求，而我国在这些领域还处于跟跑状态。

因此，想要实现从钢铁生产大国到钢铁制造大国转变，本质上需要统筹人、财、物，集中攻克“卡脖子”的技术难关，一方面注重基础研究；另一方面紧追业界诉求，生产具有前瞻性、在业界有广阔发展前景的钢铁产品，最终实现快速超车，成为技术迭代升级的领导者。

执笔人：杨建龙　常哲仁

参考文献

[1] 胡兵. 某钢铁集团产业链生态圈转型战略的构建与实践[J]. 冶金自动化，2021（45）.
[2] 邢娜，曲余玲，秦勉. 汽车供应链安全对钢铁企业的影响[J]. 冶金经济与管理，2021（2）.
[3] 陈健，陈志. 提升我国产业链现代化水平的方略——以钢铁产业为例[J]. 科技中国，2020（9）.
[4] 张燕明. 疫情过后，关于加快我国钢铁业智能制造步伐的思考[J]. 冶金管理，2020（8）.
[5] 贾林海. 钢铁产业链仍有“组合拳”可打[N]. 中国冶金报，2021-9-7.
[6] 汤莉. 钢铁进出口关税政策导向延续[N]. 国际商报，2021-12-23.
[7] 汪国梁. 锚定提质扩量增效 奋力打造制造强省[N]. 安徽日报，2021-12-25.

行业报告三

新发展格局下提升我国家电产业链竞争力研究

改革开放40多年来，我国家电产业经历了从小到大、从弱到强，从跟随到并跑再到部分领域实现引领的重大转变，已经成为我国少数几个具有较强国际竞争力的产业之一。家电产业的发展史也是我国制造业在改革开放历史进程中始终坚持自立自强、厚植国内市场，同时积极主动参与全球竞争，不断向产业链高端迈进的一个缩影。进入新发展阶段，家电业需要把握好新一轮科技革命和产业变革的历史机遇，坚持创新驱动发展，大力推进产业链智能化、绿色化、服务化转型，促进全产业链优化升级，坚定走自主品牌国际化道路，在加快构建新发展格局中塑造能够引领全球的竞争新优势。

一、我国家电业在开放竞争中不断增强产业链综合实力

终端产品生产规模稳居世界第一。改革开放后我国家电业围绕满足国内市场需求，同时积极承接国际产业转移，迅速成长为全球最大的家电生产国和出口国。2020年，我国家电业营业收入1.48万亿元，利润总额1156.9亿元，分别较2015年增长5.7%和16.5%。主要家电产品产量多数居世界前列，其中空调、微波炉全球占比为70% ~ 80%，电冰箱/冷柜、洗衣机占比为50% ~ 55%，空调压缩机占比为70% ~ 80%，冰箱压缩机占比为60% ~ 70%。

“十三五”期间，家电出口持续快速增长，2020年全年累计出口额837亿美元，比2015年增长48.1%，首次突破800亿美元大关，占全球总体出口额近40%。

原材料、零部件等产业链配套较为完备。我国家电业在长期的市场竞争中不断发展，已形成以空调、冰箱、洗衣机等大家电为龙头，小家电门类齐全，零配件配套较为完整的产业链。特别是在以佛山、深圳、珠海等城市为主的珠三角地区，以宁波、杭州、上海等城市为主的长三角地区，以及以青岛、烟台等城市为主的胶东半岛地区形成了具有一定全球竞争力的区域特色产业集群。龙头企业美的空调、格力空调中包括压缩机、电机、芯片模块等所有核心零部件均实现了自研自产，老板电器、苏泊尔、九阳等小家电龙头企业也都实现了国产化，一批生产改性塑料、非金属新材料、分立器件等相关零部件配套企业不断发展，促进本土产业链日臻完善。

产业链技术水平迈入国际前列。家电业龙头企业海尔、美的、格力等持续推进产品创新和技术升级，已实现研发中心的全球布局。2020年，家电业32家上市公司中，21家公司保持了研发投入正增长，平均研发投入占比达到3.5%，与德国博西、瑞典伊莱克斯、美国惠而浦等跨国巨头分别为5.1%、3.3%、2.95%的研发投入占比几乎持平。近年来企业拥有专利数量明显上升，2020年家电企业年新增专利数量近35万件，创11年来新高。其中，美的（含东芝）累计专利申请量突破16万项；格力7.9万项，累计发明专利授权数量超过1万件；海尔超6万项，专利范畴已覆盖全球28个国家和地区。

新技术应用处于全球第一阵营。智能家电作为家电业发展的主要趋势，2020年我国智能家电市场规模达5155亿元，占据全球智能家电产业的50%～60%。AIoT技术生态、应用语音控制、图像识别等人工智能技术不断实现突破，领先的技术应用水平和巨大的智能消费市场为我国家电行业智能化升级、进一步提升全球竞争力奠定了坚实基础。受人工成本上升等因素影响，家电业在智能化生产方面发展亦较为迅速，领先企业均建立了智能制造生产车间甚至智能工厂，并开始探索以用户为中心的大规模定制生产模式。其中海尔构建的用户参与交互的工业互联网平台COSMOPlat能够实现规模化定制、需求实时响应、全程可视化和资源无缝对接，已成为全球工业互联网创新发展的旗舰，并主导了ISO和IEEE等大规模定制方面的全球标准的制定。

产业链龙头企业具有较强国际竞争力。在全球传播集团WPP和谷歌联手发布的全球化品牌50强中，海尔、海信、创维、小米、TCL、科沃斯、格力等一批家电企业成功入选。根据行业调研机构欧睿国际的数据，在全球大家电市场，2020年世界家电品牌占有率前五名中，海尔和美的分别以16.5%和7.1%的份额位居全球第一和第三，二者份额相加超过第二名惠而浦（10.6%）、第四名博西（6.2%）、第五名伊莱克斯（5.9%）的总和。其中，海尔全球零售量份额已经连续12年全球第一，2009—2020年，海尔品牌制冷设备、洗衣设备的销量在全球大家电品牌中分别已连续13年和12年蝉联榜首。

从我国家电产业的发展中可以看出：一是后起国家和地区利用后发优势，在一定条件下可以实现赶超发展。改革开放后，我国家电业高起点、大规模引进国外先进技术设备和生产线，并通过消化、吸收和再创新，形成满足大规模生产制造需求的产业链配套能力，在积极承接国际产业转移、参与国际产业分工和竞争中，进一步形成引领创新发展和产业升级的能力。二是自主发展与开放合作相结合是不断增强和保持国际竞争力的重要途径。家电业技术来源初期是引进，但很快转向开放条件下的技术自立，特别是重视产业链核心零部件的国产化和自主开发能力的培育，这是家电业在国际竞争中能够行稳致远的关键。积极发挥比较优势，主动融入全球价值链，同时保持与本土外资企业的竞争合作，使我国家电业始终保持与国际领先技术水平的同步。三是市场化竞争是造就国际一流企业的重要因素。市场竞争增强了我国家电企业的质量、创新、品牌意识，促进了纵向流动和优胜劣汰，提高了产业集中度和产业链发展水平。四是保持持续创新和升级的能力是应对复杂变化的外部环境和挑战的关键。我国家电产业链的竞争力很大程度上在于国产品牌不断推陈出新的能力以及顺应和把握产业变革的能力。

二、我国家电产业链仍存在一些短板

一是自主品牌海外市场占有率有待提升。现阶段我国家电自主品牌出口仍以 ODM 业务（自主设计生产、贴牌销售）为主，相较于巨大的生产规模，自主品牌的海外市占率明显偏低。例如，目前我国空调产能约占全球的 72%，但市场品牌占有率不足 20%。根据《中国家电行业深度调研与投资战略规划分析报告》，2019 年在全球各大区域大家电市场零售额前五位中，在亚太地区只有我国企业的份额较高，海尔和美的位居前二。而在北美、西欧、东欧和澳洲等全球其他地区，市场领先份额依然掌握在美国惠而浦、德国博西、瑞典伊莱克斯等国际老牌家电企业手中，长期塑造的区域品牌认可度和用户群体基础使我国企业在短期内很难超越（见表 15）。

表15　2019年全球各大区域大家电市场零售量排名前五情况

亚太	北美	西欧	东欧	澳洲
海尔	惠而浦	博西	惠而浦	伊莱克斯
美的	海尔	惠而浦	博西	海尔
LG	伊莱克斯	阿赛利克（Arcelik）	海尔	LG
三星	LG	伊莱克斯	阿赛利克（Arcelik）	三星
松下	三星	海尔	伊莱克斯	博西

资料来源：前瞻产业研究院，《中国家电行业深度调研与投资战略规划分析报告》，2021年3月。

二是未来智能家电所需的上游元器件、传感器等高端核心零部件自给能力与国际老牌家电企业还有差距。随着智能化时代的到来，关键控制器芯片和温、光、声、压、气等各类传感器都是智能家电设计中不可或缺的核心零部件，这方面我国还有一定技术差距。例如，国外的智能洗衣机已在纤维、衣物的传感识别方面实现了产品的终端化应用，可通过重量感知、布质感知、脏污程度感知、泡沫感知等，自动选择洗涤程序和水量，而我国在传感零部件精度、电器设计及感知算法研究等方面成熟度较低，与国外同类产品相比还有一定功能差距。在开发智能冰箱、智能微波炉、智能烤箱等产品方面，所需的食品智能识别技术与国外相比在识别准确率、信息数据与通信传输、控制、管理分析等集合处理的准确性和效率方面也有差距，成为产品创新应用的重要制约。家电产业链如图 30 所示。

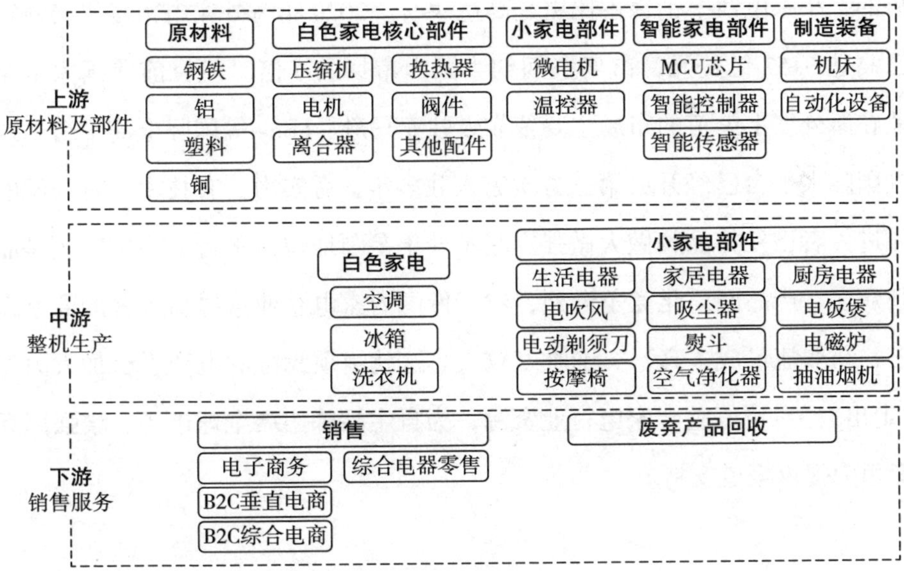

图30 家电产业链

资料来源：作者自绘。

三是长期以来偏重产品应用创新，底层基础性、机理性研究和原型创新不够。在长期的市场竞争和快速的产品迭代压力下，我国家电企业对产品性能提升主要依赖经验数据和试验，在涉及机理性、共性技术方面以及跨领域的基础研究方面积累不足，这也影响了系统集成创新的后劲。例如，我国洗衣机技术创新更多注重对现有结构的拓展，而国外领先企业则更加重视对新材料、新工艺以及新系统和洗涤方式等基础方面的探索；绝热传热方面，虽然我国终端产品性能已经可以和国外产品并跑，但对热传导特性、换热性能等基础研究尚需加强，只有这样才能更好地对密封材料、发泡材料、换热涂层材料等进行改进和创新；此外，家电变频控制器中所需的变频控制逻辑核心算法等研究还相对欠缺。

四是海外销售渠道主要依靠国际电商，国内平台支持不足。当前线上销售已成为家电产品的重要流通渠道，全球超过31%的大家电是在线上销售的，小家电线上销售占比更是高达49%。2020年海外家电市场零售总额已高达3152亿美元，市场空间约为国内市场的3倍。但目前我国家电企业在海外线上渠道的布局主要依靠入驻亚马逊、eBay等国际电商平台。这些国际大平台已经开放第三方卖家入驻多年，有实力、有技术、有资源的先进入者已经将品牌做大做强，基本处于垄断地位，平台上小家电更是品牌众多、产品同质化竞争激烈，对于像国内家电企业这样新入驻的商家而言，获取流量成本高、突围难度较大。这就亟须我国的电商平台加大力度"走出去"，更好整合家电行业资源，为自主品牌拓展全球市场、增强国际竞争力提供渠道支持。

三、加快构筑引领全球的家电产业链竞争优势

过去40多年里，我国家电产业充分利用国内国际两个市场、两种资

源为实现跨越式发展提供了关键支撑。进入新发展阶段，已经迈入全球领先者行列的家电业如何才能构筑引领全球的竞争优势？关键还是要在以新发展理念为引领，加快构建新发展格局上下功夫，特别是在服务好、高质量内循环的同时，坚定走好自主品牌国际化道路，加强全球研发体系和产业链供应链的优化布局，以高水平国际化推动国内国际双循环相互赋能，在增强产业链创新能力、推进产业链智能化绿色化服务化转型，提升自主品牌价值创造能力和国际影响力方面发挥重要引领作用。

一是全面提升产业链创新能力。目前，我国家电领军企业在研发投入方面已处于世界前列，下一步应在产业链基础研究和引领未来的前沿创新研究方面加大力度，带动产业链整体技术水平的提升和系统性创新。要健全终端和整机企业带动的产业链上下游协同创新机制，将产品应用创新与核心零部件、智能传感器件、新材料等的研发和应用相结合，引领家电产品功能创新和性能提升。鼓励家电领先企业依托自身优势打造与全球创新资源对接的开放式创新平台，吸引国内外研发、设计、仿真、创意等各方面资源，打造开放式协同创新网络。要坚持标准引领，依托产业链创新和产业规模优势将具有自主知识产权的技术标准推向国际市场。

二是做产业链智能化升级的引领者。人工智能、5G、物联网、大数据技术等正在引领的智能化浪潮为全球家电业创新发展带来难得的机遇，也必将带来新格局的重塑。我国家电龙头企业已走在数字化、智能化浪潮的前列，下一步应抓住机遇，在引领时代的智能家电原型设计和智能家居应用创新上发挥领军作用。要围绕满足人民群众高品质生活需要，以用户为中心，将智能化嵌入家电产品功能设计，整合软件、数据、网络、内容、服务资源，赋予家电产品更多的创新功能，推动家电业由同质化竞争转向基于创新的差异化竞争。同时，建设高质量的智能家电产业链供应链。要积极探索平台化服务模式，探索智能家电企业平台化转型，积极打造智能家居产业生态。要继续推广应用智能制造生产方式，在有效对冲劳动力成本上升压力的同时，带动家电业质量、效益升级。

三是争当产业链绿色变革的先锋。家用电器作为居民第二大能源消耗来源，在居民碳排放占比中高达30%。我国已提出“双碳”的目标，国际上围绕碳概念的新兴贸易规则也在酝酿之中。我国家电行业在节能、减排等方面已经是制造业的“排头兵”，随着领军企业的群体性崛起，有条件也有能力成为全球家电绿色低碳技术应用的引领者。应以打造家电业绿色供应链为主线，稳步提高节能环保低碳的技术标准，带动上下游企业整体绿色低碳水平的提升。从源头做好绿色家电产品设计，积极采用能效比高的压缩机核心部件，应用低碳环保的制冷剂原料，推广可回收、可降解的绿色新材料。生产过程中积极推行节能减排绿色生产工艺，有条件的企业探索建立绿色样板工厂，引入碳足迹评价和温室气体排放管理。加强政策引导，健全相关管理规范，完善废旧家电回收处理产业链条，推动变废为宝，加快行业绿色发展。

四是探索服务化带动价值链升级的有效模式。目前，家电业产品技术已经具有相当的成熟度，企业间的竞争比拼从原来关注技术、规模的领先逐渐转向更加关注产品整个生命周期内消费价值的实现。面对后端万亿服务市场的巨大增长潜力，我国家电企业应加快由生产型制造向服务型制造转型，由单纯提供产品向提供“产品＋服务”转变，积极拓展产业价值链。重点探索大规模定制、产品全生命周期管理、信息增值服务等新模式。建议推广海尔的定制化服务模式，探索用户参与设计、家电家居全屋定制和按需生产，提高差异化服务水平。做好家电维修、清洗保养、以旧换新等在内的全生命周期服务。围绕智能家电和智能家居定制智慧化生活场景，积极拓展在线支持、数字内容、电子商务等线上线下相结合的多元服务，健全行业数据采集利用规范，提高信息增值服务的安全性和有效性。

五是提升自主品牌全球化布局能力和国际影响力。多年来，我国家电企业已积累起海外市场拓展和国际化经营的宝贵经验，一批有国际视野的领军企业在对外销售、出口产品的同时，通过投资设厂、并购等方式，在全球开展产能布局，一方面，化解了贸易摩擦风险；另一方面，通过装配环节外移带动国内高端零部件和原材料出口，使得中国家电在国际化的道路上进一步升级。未来，我国家电业要持续获得国际市场的认可并形成引领全球的竞争优势，必须深化自主品牌的国际化拓展，在优化产业链供应链全球布局中，进一步提升高端、高品质、创新产品的形象和国际影响力。要积极拓展欧美等成熟领先市场，围绕不同层次消费者需求和使用习惯，将产品研发设计与本土文化理念有机融合，加强创新产品推广和产业链后端服务延伸，不断扩大自主品牌市场份额。要努力开拓新兴经济体和发展中国家市场，抓住“一带一路”建设加快发展的有利时机，创新境外投资方式，培育新的增量市场。要抓住跨境电商发展机遇，大力支持国内电商平台向海外延伸拓展，推进国际电子商务规则谈判和政策协同，支持海外仓储等跨境物流基础设施建设，为我国家电企业深度参与全球化竞争保驾护航。

执笔人：李燕　孙海尧

行业报告四

加快构筑我国新型显示产业链系统性竞争优势

新型显示产业是新一代信息技术的基础核心产业，也是面向智能互联时代无所不在的人机交互的重要窗口。我国新型显示产业经过十余年快速发展，探索出了一条开放发展和科技自立相结合，龙头企业引领的规模化、市场化、国际化发展道路，已经从追赶走到国际竞争的前沿。目前我国技术成熟度最高的 TFT-LCD 液晶显示器出货量已居全球第一位，但在新一代主流显示技术 AMOLED 和更前沿的 Micro-LED、QD-OLED 技术发展方面与国际领先企业仍有差距，加之产业链上游基础薄弱，难以形成系统性创新能力和产业链综合优势。建议加强政策引导和支持，加快补齐产业链短板，完善协同创新机制，探索技术追赶向创新引领的有效模式，进一步巩固和增强国际竞争优势。

一、新型显示产业链长，专业化、协同程度高，产业竞争格局处于加速重塑之中

新型显示产业具有产业链长，专业化、协同程度高，辐射带动能力强等特点。新型显示的产业链涵盖上游的材料、元器件及设备，中游的面板制造及下游显示终端等几大环节。其中上游的材料和元器件主要包括液晶材料、OLED 有机发光材料、玻璃基板、彩色滤光片、偏光片、背光模组、驱动芯

片等。所用设备根据不同的技术方向，包含了曝光机、等离子体辅助化学气象沉积、准分子激光退火、磁控溅射式物理气象沉积、离子注入设备，以及蒸镀机、喷墨打印设备等。中游制造工艺与集成电路等半导体制造技术具有共通性，但又有所不同。下游则面向电视机、智能手机、笔记本电脑、VR/AR、工控、车载设备以及可穿戴设备等多种丰富的应用终端。由于显示技术的创新主要以材料的技术工艺突破为前提，同时需要先进设备和元器件的支撑，因此无论是既有技术、工艺和产品的迭代升级还是新一代颠覆性技术的创新，均离不开产业链上材料、装备、器件“三驾马车”的协同。

目前全球新型显示制造环节的竞争主要集中于中国和韩国，美欧日韩企业在供应链上游材料和设备方面拥有绝对优势。液晶显示技术发源于美国，产业化在日本。日本夏普和精工等企业凭借对新技术的敏感在美国企业手中接棒 LCD 技术，从最初商用于液晶数显手表、计算器等逐渐过渡到大尺寸平板。到 20 世纪 90 年代中期，日本已培育了完整的产业链，TFT-LCD 产量占据全球的 95%。随后，韩国三星、LG、现代等企业开始加入竞争，凭借之前在半导体领域存储芯片业务上丰厚的技术和资金积累大规模投资建厂。20 世纪末，三星的液晶面板出货量反超日本跃居世界第一。我国显示产业起步较晚，在经历了早期“缺芯少屏”的阵痛后，通过引进技术消化吸收和自主创新，依托大规模工业化和市场优势实现快速发展，带动中国大陆液晶面板产能占全球的比重从 2016 年的 30% 升至 2020 年的 56%。2020 年全球液晶出货量中国大陆占比 50%，韩国和中国台湾各占 23% 左右，日本液晶面板出货量收缩至 4% 左右。但从产业链体系看，日本的产业链能力最强，在许多关键设备和材料方面，日本企业都是全球主要甚至唯一的供应商。韩国显示产业进步也带动了上游供应链的发展。目前液晶材料全球主要供应商为日本 JNC、日本 DIC，以及德国默克。高品质玻璃基板主要受控于美国康宁、日本

AGC、日本NEG。偏光片主要来自LG化学、日本日东电工、日本住友化学等。设备方面，以美国应用材料以及日本的尼康、佳能等为主。

新型显示产业技术迭代升级和市场竞争遵循一定的规律，目前正处于竞争格局加速重构之中。新型显示产业属于资本、技术和人才密集型产业，建线投入大、回收周期长，建设一条普通的8.5代液晶生产线，一般需要200亿～300亿元的资金投入。同时，显示产业发展市场需求波动和价格竞争的周期性规律，要求企业必须持续不断提升技术水平和产品性能，这样才能保持自身的盈利能力，在激烈的市场竞争中立于不败之地，这也使得全球显示产业形成了高集中度的寡头竞争格局。对领先企业来讲，一时的领先并不意味着持续领先，只有保持对前沿新技术的引领性创新能力，才能构筑持续不断的领先优势。当前，全球新一代显示技术创新发展正处于活跃期，日韩等领先企业已相继宣布退出LCD市场，将重点放在新一代显示OLED，其中有我国液晶产业崛起，面板成本大幅下降，利润空间压缩的原因，更是领跑未来的主动选择。我国掌握着全球液晶面板制造的半数产能，并同步加快新技术追赶，已走到国际竞争的前列。未来5年可以说是显示产业国际竞争格局重塑的关键期，其中我国是关键的变量，如果能够抓住机遇创新突围，强化产业链系统性优势，就有可能实现由追赶者到领先者的战略转变。

二、我国新型显示产业实现跨越式发展

21世纪初以来，以京东方等为代表的行业企业抓住全球新型显示产业发展的机遇，通过投资并购与自主建线相结合，学习国外先进技术与建立自主开发平台相结合，在国家政策和市场力量的共同支持下，迅速成长为满足大规模工业化生产能力和技术迭代升级能力的领军企业，带动我国新

型显示产业实现了跨越式发展，也为我国高技术产业后发追赶探索了有益的模式。目前，我国新型显示产业已形成制造能力、龙头企业、市场应用三大产业链优势。

一是面板产能大幅增长，产业规模领跑全球。截至 2020 年底中国大陆已建成 6 代及以上面板生产线 35 条，年产能达到 2.2 亿平方米，2020 年全年 TFT-LCD 出货面积首次达到全球一半以上。2020 年，尽管受新冠疫情影响，显示产业仍然保持了逆势增长，TFT-LCD 优势进一步巩固，AMOLED 量产进程持续推进，新型显示产业全年营收达到 4460 亿元，同比增长 19.7%，高出全球增速近 6 个百分点，全球占比 40.3%，产业规模居全球首位。

二是龙头企业持续壮大，带动技术创新和产业链生态建设稳步发展。2020 年，在产能建设和兼并重组的推动下，大尺寸液晶面板向头部企业集中趋势更显著。其中京东方收购中电熊猫后，拥有 5 条 8.5 代线、1 条 8.6 代线、2 条 10.5 代线，LCD 面板年产能提升至 7700 万平方米。华星光电收购苏州三星后，TCL 华星拥有 3 条 8.5 代、2 条 10.5 代的高世代产能，全部达成满产后年产能将提升至 5226 万平方米。目前，两家企业产能已位居全球前二，占比合计达到 42.8%，推动行业形成双寡头格局。相关企业在掌握核心技术的基础上，通过正向创新，协同头部终端厂商实现了一些局部领先的创新突破，如维信诺发布了全球首个量产屏下摄像解决方案、全球首款“透明 A 柱”电动 SUV，拥有自主知识产权的“鼎排”像素排布方案被国内头部厂商作为指定方案。相关企业同步加大新一代主流显示 Micro LED 研发布局，目前该领域全球专利申请前十大主体中，我国企业占据 4 席，其中京东方和华星光电居前两位。龙头企业发展在产业链生态带动方面也发挥了重要作用，产业链整体呈现面板领跑、材料和装备稳步发展的良好势头。

三是下游应用市场迅速发展，对产业链形成强力拉动。我国作为全球电子信息产品生产、消费和出口大国，随着制造技术的成熟以及自主品牌的崛起，对显示产业的带动作用日益增强。2018 年，我国电视机、智能手机、计算机产量全球占比分别保持在 70%、85% 和 90% 左右，其中 70% 以上的彩电屏幕、80% 以上的手机屏幕、90% 以上的计算机屏幕都由国内面板企业提供。巨大的电子消费市场带动了我国新型显示产业飞速发展。预计进入万物互联时代，车载显示、智能家居、智能可穿戴、产业互联网等更为丰富的终端应用需求将成为壮大产业发展新的重要拉动力。

三、我国新型显示产业链基础仍然薄弱，产业链综合实力有待加强

从产业链环节看，我国基本主导了面板制造环节，但上游关键材料和核心设备对外依赖严重，影响了自主可控能力和产业链话语权。2020 年，在全球显示产业总营收 2189 亿美元中，面板营收为 1192 亿美元，占比 54.5%，其中我国大陆面板营收占全球比重为 42.3%。材料和设备方面，全球营收分别为 837 亿美元和 160 亿美元，我国大陆全球占比分别仅为 16.4% 和 4.4%，材料和设备日韩合计占比则分别高达 76.2% 和 70.5%（见图 31、表 16）。我国在产业链上游关键环节自主化程度较低。TFT-LCD 用关键材料中，高世代面板所用玻璃基板几乎完全依赖于美国和日本厂商，合计占比超过 95%。其他重要材料的国产化供给能力偏低。AMOLED 所需关键材料中，有机蒸镀材料国产化率低于 10%，圆偏光片以及金属掩膜版、透明 PI 膜等几乎 100% 进口。6 代线上主设备几乎全部依赖进口。由于核心供应链受制于人，我国新型显示产业发展长期受到技术、价格、供给等方面的瓶颈制约。特别是由于上游关键材料和设备企业已形成较高的

进入壁垒，拥有较强的议价权，而面板制造竞争激烈，毛利率低，使得面板企业一方面要应对液晶周期带来的市场不确定性和价格波动，另一方面还需长期为上游原材料企业支付高昂的成本。

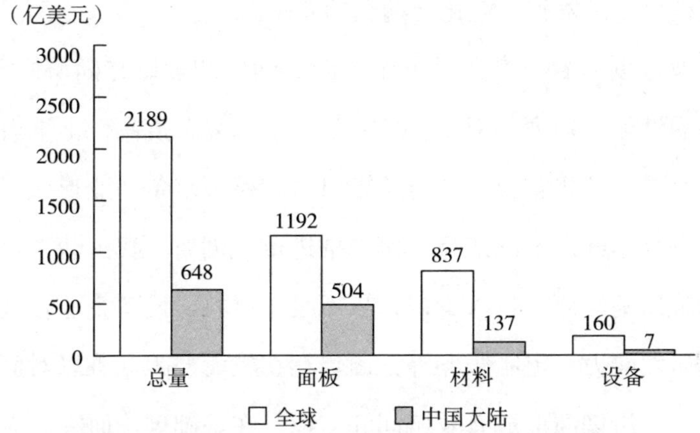

图31　2020年全球以及中国大陆显示产业营收情况

资料来源：中国电子视像行业协会。

表16　2020年部分国家和地区显示产业分环节营收占比情况

国家和地区	材料占比	设备占比
日本	45.2%	27.6%
韩国	31.0%	42.9%
中国大陆	16.4%	4.4%
中国台湾	2.0%	10.4%

资料来源：中国电子视像行业协会。

从产业链技术水平看，我国在技术成熟度较高的 TFT-LCD 领域已达到国际领先水平，但在新一代主流技术大尺寸 AMOLED 以及前沿技术创新方面仍有差距。新一代主流显示技术 AMOLED 在小尺寸上，技术和市场都是成熟的。大尺寸方面，此前只有韩国 LGD 能够实现供货，采用的是蒸镀白光 WOLED 技术路线；三星 2021 年底能够实现量产，采用 QD-OLED 技术路线。国内京东方、华星光电、惠科等能够实现小尺寸供货，大尺寸方面同时跟踪 WOLED 和喷墨打印技术路线，在技术成熟度上，仍有至少 3 年的差距需要追赶。华星光电已启动了喷墨打印产业化进程，并通过战略性投资推动产业链发展，但要实现大规模量产还需要时间。此外，在 Micro LED、电子纸、光场显示等先进显示技术方面，我国与国外领先企业也存在研发和产业化周期上的差距。

从产业链创新看，产业链上中下游之间、产学研之间协同创新不足，制约了系统性创新能力的形成。新型显示技术复杂度高，上下游企业间高度依赖，三星等领先企业早就与关键材料和核心装备企业形成了天然捆绑关系，紧密合作开发定制产品，协同推进重大创新。我国新型显示产业链上游起步晚，基础研究投入少，积累不足，材料、设备企业在规模化、技术水平、研发能力、定制服务等方面仍存在较大差距，难以对面板企业的技术迭代和前沿创新形成有效协同和支撑。在基础理论研究和应用技术创新方面，高校和企业这两大主体还未真正形成合力。一些前沿新技术的突破既涉及基础理论研究和基础材料的创新，同时也需要研制过程中通过试产积累大量数据不断优化配方，没有长期稳定的合作关系是不行的。

从产业链布局看，尚未形成面板产能整体规划协调机制，亟须防止无序、低端竞争导致资源错配。近年来，随着国内多条高世代 TFT-LCD 产线的建成，国外面板企业在生产成本、销售渠道等方面逐渐失去优势，开始陆续退出 TFT-LCD 面板制造领域，国内一些非主流面板厂相继承接替代下来的生产线并新增投资继续生产，而且各地从经济发展角度考虑，也有支持面板产能做大的意愿。然而调研中一些企业却表达了对产能过剩的担忧。尽管 2020 年新冠疫情造成的供给短缺导致 2021 年上半年面板行业利润水平整体提升显著，但未来几年 TFT-LCD 产能供过于求的局面将不可避免。如果国内企业仍继续在成熟产线上加速扩产，则有可能陷入产能过剩和价格竞争，不利于产业链良性发展，也不利于将资源引导到产业链上游及更高端显示技术发展上。

四、强化创新引领、增强产业链系统性优势的政策建议

我国新型显示产业经过跨越式发展已走在国际竞争的前沿，在由技术追赶者迈向创新引领者的角色转变过程中，面对技术和市场的双重不确定性，产业政策的重点应转向支持产业链核心企业能力建设，推动产业链系统性升级。围绕新一代显示产业发展和下一代显示技术研发及产业化，着力提升产业链水平，完善全产业链协同创新机制，以新发展格局为战略引领，深化创新链、产业链、供应链国际合作，推动新型显示产业向价值链中高端迈进，进一步提升国际竞争力。

一是促进供应链本地化发展，提高关键环节国内配套能力和水平。近年来国际贸易摩擦引发的供应链安全隐忧，以及新型显示产业技术迭代升级、产业链协同创新的特性使得我们更加坚定了推进国内产业链生态建设的信念。一方面，应充分利用市场规模和产业集聚优势，吸引具有先进技术水平的国外供应链企业本地化发展。另一方面，针对高世代面板产线可能被“卡脖子”的环节以及新技术领域（中大尺寸 AMOLED、Micro LED）亟须突破的关键材料、新型器件和核心设备，建议由面板企业牵头，与上游供应链相关企业组建创新联合体，持续推动核心技术研发和产业化，带动我国关键供应链发展。

二是加大力度支持产业链创新，培育具有国际竞争力的龙头企业和单项冠军企业。围绕产业链部署创新链，聚焦喷墨打印、量子点显示、Micro LED、硅基 OLED、裸眼 3D、光场显示等新一代技术及前沿技术研发和产业化，重点加强科技专项、财税、金融等政策支持，推动面板企业、材料、设备、器件协同创新攻关。鼓励面板企业与应用厂商加强研发合作，促进新型显示产品与 5G 通信、超高清视频、人工智能、虚拟现实等融合发展。研究设立新型显示产业链竞争力提升专项，重点支持一批在新型显

示材料、元器件和装备领域基础较好、有发展潜力、成长性强的创新型企业发展，推动其成为重点细分领域的全球单项冠军企业。支持龙头企业牵头组建新型显示创新平台，向产业链上下游企业和高校院所开放共享研发、中试服务，打造大中小企业、产学研用协同发展的创新网络。

三是坚定落实窗口指导制度，引导产业链资源合理优化配置。按照主体集中、资源集中、区域集聚的原则，引导行业产能和新项目合理布局，在保持 TFT-LCD 产能供需基本平衡的基础上，引导企业和社会资本将主要资源、财力投入技术创新和产业链核心能力建设上。加快提升新技术领域产业链配套能力，不断优化产业结构，培育新的增长点。要加强产能信息、市场信息监测与共享，在产品价格大幅波动时根据市场需求合理排布现有产能释放。鼓励骨干企业通过投资、兼并等方式整合已有产业资源，加快做大做强，进一步提升产业集中度，推动我国新型显示产业聚合化、集群化、生态化发展。

四是深化创新链、产业链、供应链国际合作，拓展合作共赢新局面。新型显示产业具有高度国际化的特征，技术创新、产业链布局和人才流动须保持与全球深度链接和互动。要进一步深化与欧美日韩等国家和地区企业、研究机构在技术、资本、人才等方面的国际合作，积极打造开放式协同创新网络。充分发挥行业协会桥梁作用，利用中日韩三方在光学电子、新型显示、半导体等民间合作的良好基础，进一步拓展相关领域交流合作。鼓励海外显示上游关键装备与材料企业来华投资建厂，支持国内企业开展国际化布局，进一步打造开放协作、富有竞争力的产业链供应链。

执笔人：李燕　孙海尧

行业报告五

新发展格局下提升我国汽车产业链供应链稳定性和竞争力研究

具有较强国际竞争力的汽车产业，是支撑高质量发展的重要基础。为研究我国汽车产业链稳定性和竞争力问题，我们对比了中美德日四国智能电动汽车产业链现代化水平，总结了我国汽车产业链的长板和短板，并提出了相关建议。

一、典型国家智能电动汽车产业链现代化水平比较

美国、德国、日本是汽车强国，也是我国发展智能电动汽车的主要竞争合作者。为此，我们首先比较了4个国家新能源汽车、智能网联汽车的产业链现代化水平。

（一）评价体系构建

1. 定义和内涵

我们研究认为，汽车产业链现代化是通过持续提高产业基础能力、产业链配套水平、供应链效率和控制力、价值创造能力，形成具有更强创新力、更高附加值、更安全可靠的汽车产业链供应链的过程。汽车产业链现

代化必须具备以下 4 个主要特征。一是产业基础能力强。产业链的关键基础技术、核心基础零部件（元器件）、关键基础材料、基础工艺、工业基础软件等基础技术水平处于国际领先地位；产业技术基础支撑平台、先进产业基础设施和关键共性技术创新服务体系较为完备；科技创新、人力资源、体制机制、市场潜力等环境要素与产业链深度融合，能够提供高水平支撑保障。二是协同配套水平高。产业链上游零部件具备较强配套能力，下游整车产品具有较强竞争实力，上下游环节配套协同性高，具有较强抗冲击能力。三是在供应链上具有较强的控制力和影响力。产业链供应链完整程度高，本国头部企业具有较强的产业链垂直整合能力，对产业链供应链的控制力和影响力较强，具有一批产业链关键环节的领先产品及企业。四是总体处于全球价值链中高端。这能够使产业逐步具有较强的价值创造能力和较高的盈利水平，实现高质量发展。

2. 评价指标体系

我们按照体现科学性和独立性、典型性和代表性、可行性和连续性、前瞻性和动态性的基本原则，初步提出了一套评价思路（见图 32）。

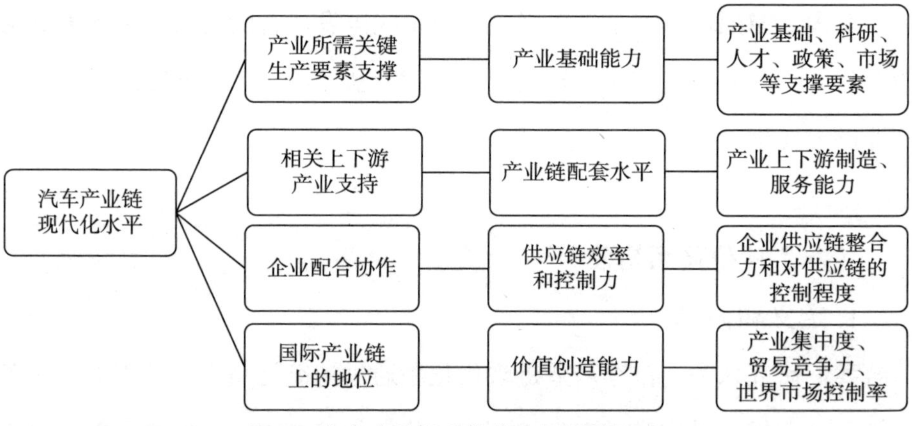

图32　汽车产业链现代化水平评价思路

资料来源：作者自绘。

在此基础上，我们构建了一个包括 4 个一级指标和 23 个二级指标的评价模型（见图 33）。

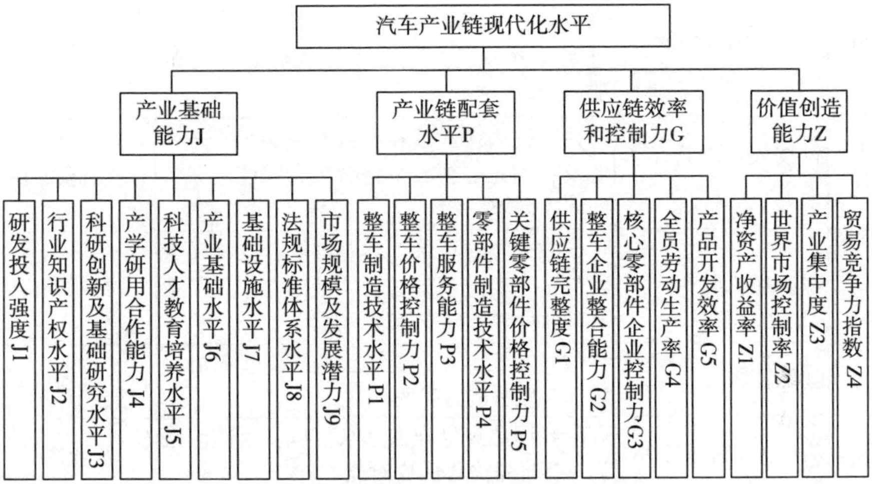

图33　汽车产业链现代化水平评价模型

资料来源：作者自绘。

具体来说，对产业基础能力这个一级指标，J1~J5 是从科技创新的角度出发，J6~J9 是从基础工艺、设施、政策法规及市场等其他方面出发。对产业链配套水平，P1~P3 是从整车行业的角度出发，P4~P5 是从零部件角度出发。对供应链效率和控制力，G1、G2~G3、G4~G5 则分别从供应链完整度、企业对供应链的控制力、供应链效率角度出发（见表 17）。

表17　23个二级指标说明及具体数据来源

编号	二级指标	指标详细说明	资料来源
J1	研发投入强度	研发投入总额/行业销售收入总额 × 100%	《中国汽车工业年鉴》
J2	行业知识产权水平	评估在新能源、智能网联及汽车产业发展相关领域的先进技术的专利数量和质量水平	行业机构、调研
J3	科研创新及基础研究水平	评估在新能源、智能网联及汽车产业发展相关领域的基础研究领域的创新能力和技术水平	行业机构、调研

续表

编号	二级指标	指标详细说明	资料来源
J4	产学研用合作能力	评估产业、高校、科研单位等相互配合，形成强大的研究、开发、生产一体化的先进系统并在运行过程中体现综合优势的能力	行业机构、调研
J5	科技人才教育培养水平	评估科技人才数量和质量能否满足汽车产业及相关先进领域（新能源、智能网联）的人才需求	行业机构、调研
J6	产业基础水平	评估基础关键技术、核心基础零部件（元器件）、关键基础材料、基础工艺、工业基础软件等基础支撑能力强弱	行业调研
J7	基础设施水平	评估5G、大数据、充电设施等新型基础设施体系服务能力强弱	行业机构、调研
J8	法规标准体系水平	评价我国法规标准体系水平以及对国际法规、标准壁垒等的应对能力	行业调研
J9	市场规模及发展潜力	当前总体市场规模、新能源和智能网联汽车产业规模，以及未来对新能源、智能网联汽车的社会需求量	行业机构、调研
P1	整车制造技术水平	评估新能源、智能网联等先进产业领域整车产业链配套技术水平，包括生产数字化和自动化程度、配套制造水平、产业化技术水平等	行业调研
P2	整车价格控制力	评估整车产业链配套效率和成本，显现为产品价格竞争力	行业调研
P3	整车服务能力	评价产品品质、服务响应效率和周期	行业调研
P4	零部件制造技术水平	评估新能源、智能网联关键零部件产业链配套技术水平，包括生产数字化和自动化程度、配套制造水平、产业化技术水平等	行业调研
P5	关键零部件价格控制力	评估关键零部件配套效率和成本	行业调研
G1	供应链完整度	产业链上中下游供应链环节的完整性	行业调研
G2	整车企业整合能力	评估本国头部整车企业对新能源、智能网联汽车上下游资源、供应链整合的能力	行业调研
G3	核心零部件企业控制力	评估动力电池、芯片、智能网联产业核心零部件头部企业对产业链供应链的控制能力	行业调研

续表

编号	二级指标	指标详细说明	资料来源
G4	全员劳动生产率	工业增加值（或总产值）/行业全部从业人员平均人数	《中国汽车工业年鉴》
G5	产品开发效率	面向市场需求产品开发的周期和响应速度	行业机构、调研
Z1	净资产收益率	企业税后利润/净资产 × 100%，该指标体现了自有资本获得净收益的能力	国务院国资委
Z2	世界市场控制率	评价本国市场在全球市场中的地位，本国市场销量/全球市场销量 × 100%	行业调研
Z3	产业集中度	评价本国产业影响力，产业内大中型企业销售额/产业总销售额	行业调研
Z4	贸易竞争力指数	表示一国进出口贸易的差额占进出口贸易总额的比重，即TC指数=（出口额-进口额）/（出口额+进口额）	海关、行业机构

资料来源：作者整理。

3. 评价方法

在数据来源方面，主要有两类：一类是具体产业数据或指标评价，主要包括“中国新能源汽车产业竞争力指数评价”“中国智能网联汽车产业竞争力指数评价”等；另一类是问卷调查，我们向专家学者以及汽车企业的相关人员定向发放了问卷，其中包括我国汽车各产业技术路线图组长、副组长等权威专家。

在权重计算方面，也有两类来源：一类是目前相关研究机构已经发表的指标权重，如“中国新能源汽车产业竞争力指数评价”等；另一类是我们采用标准离差法（均方差法）进行计算得出的。

在二级指标里，我们将权重大于 4.5% 的二级指标定义为核心二级指标，共有 8 个，包括产学研用合作转化能力、零部件制造技术水平、供应链完整度等（见图 34）。

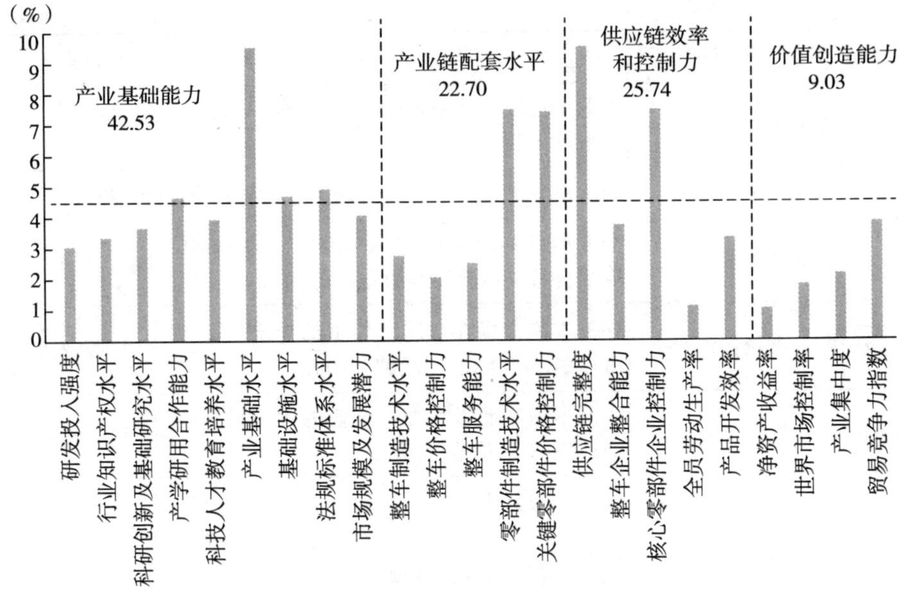

图34 一级和二级指标权重

资料来源：作者自绘。

（二）主要评价结论

1. 综合评价结果

总体上，德国、日本凭借强大的产业基础和完备的产业链供应链水平处于领先地位；我国和美国紧随其后，我国小幅落后于美国（见图35）。

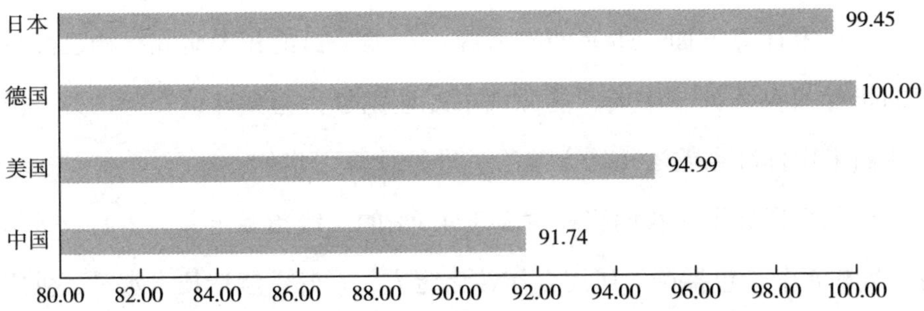

图35 智能电动汽车产业链现代化水平综合评价结果

资料来源：作者计算。

2. 产业基础能力评价结果

德国、美国、日本凭借在传统汽车产业上的优势在产业基础能力评价指标上分居前三位，我国差距较大（见图 36）。这主要是因为我国汽车产业基础水平和科技创新能力还相对较弱。同时，我国在基础设施水平这个核心二级指标上排名第一，这也是我国业已形成的重要优势。

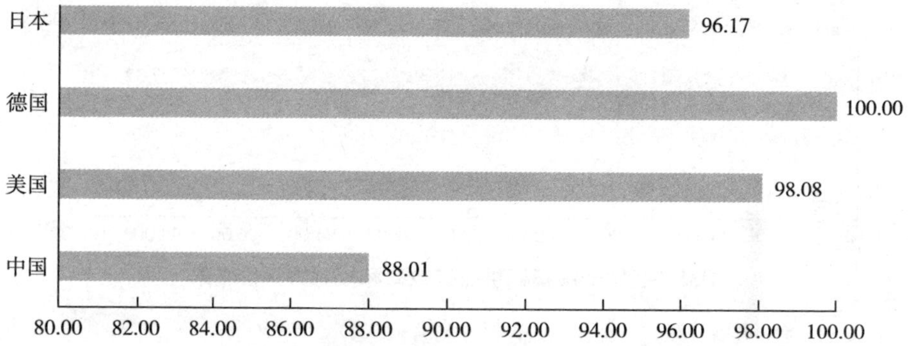

图36　各国一级指标产业基础能力评价结果

资料来源：作者计算。

3. 产业链配套水平评价结果

日本、德国在产业链配套水平方面居于领先地位，我国和美国分别位居第三、第四，我国与日本、德国的差距还比较大（见图 37）。这主要是因为我国汽车产业零部件制造技术水平和关键零部件价格控制力都比较弱。

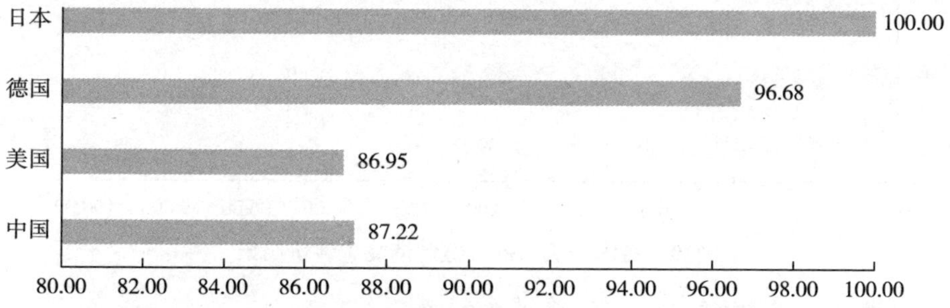

图37　各国一级指标产业链配套水平评价结果

资料来源：作者计算。

4. 供应链效率和控制力评价结果

日本在该项指标中居于领先地位，我国和德国分居第二、第三位且彼此差距不大，美国居于第四位（见图 38）。在这方面，我国的主要优势是国内供应链体系较为完整。随着我国在电池制造、信息通信、智能驾驶等领域涌现出一批领军企业，未来在这个方面有可能取得重大突破。

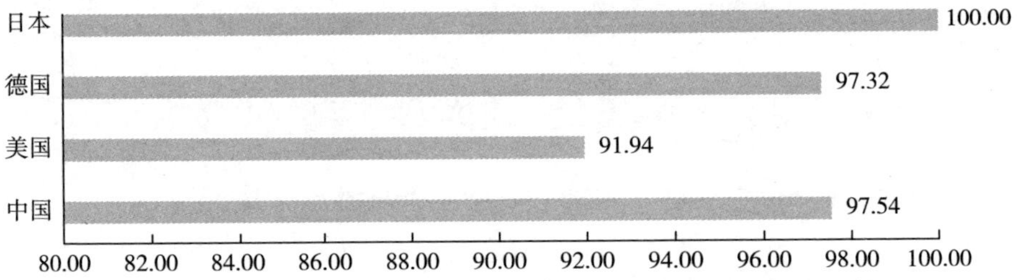

图38　各国一级指标供应链效率和控制力评价结果

资料来源：作者计算。

5. 价值创造能力评价结果

德国、日本、美国在该项指标上分居前三位，我国仍处于落后追赶的地位，且差距不小（见图 39）。考虑到我国国内汽车产业集中度明显偏低、自主品牌溢价能力不强的状况，加之汽车产品出口占比较低，这方面差距预计在短期内难以弥补。

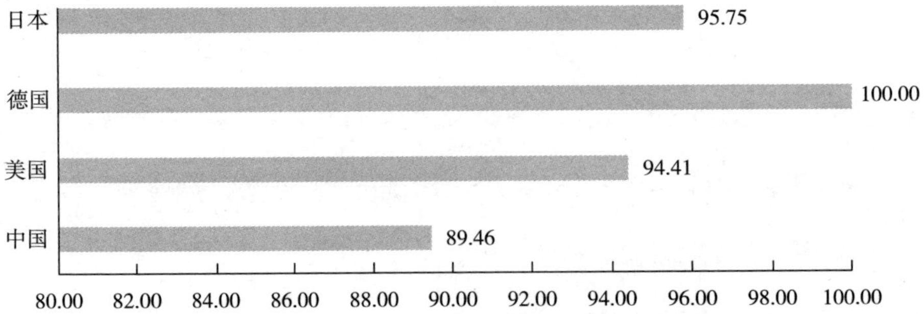

图39　各国一级指标价值创造能力评价结果

资料来源：作者计算。

二、我国汽车产业链的主要长板和短板

我国新能源汽车总体上处于国际领先水平，在智能网联汽车产业的各个核心领域也都已有战略布局，基本保持与世界领先水平同步。但产业基础能力薄弱、部分关键核心技术存在短板、产业链创新能力不足等问题仍未解决。

（一）主要长板

1. 新能源汽车产业已建立先发优势，实现全球领跑

主要表现在 4 个方面：一是新能源汽车推广应用规模全球领先。随着新能源汽车产业链的逐步成熟、消费者对新能源汽车的认识和接受度的提高、骨干企业提供的丰富且多元化的新能源汽车产品以及新能源使用环境逐步改善等因素共同推动下，新能源汽车市场将进入一个新的增长阶段。市场的不断成熟，将有力推动产业链供应链发展水平进一步提升和完善。二是动力电池技术产业化能力与生产能力均处于世界领先水平。我国已经建立起包含动力电池产品、关键材料、系统集成、生产装备及测试评价等较为完善的产业链体系，所供产品不仅满足了国内市场需求，在开拓国际市场方面也不断取得可观成效。三是企业竞争力大幅增强。经过多年的市场淬炼，我国已成长出一批具有相当市场竞争力的企业，包括整车及关键零部件企业等。四是充电网络初步满足新能源汽车发展需要。我国充换电基础设施网络已覆盖全国主要省市，建成了“十纵十横”高速公路快充网络，充电基础设施规模位居全球第一。

2. 智能网联汽车具备实现领跑的潜力

主要表现在 4 个方面：一是前瞻布局智能网联汽车的中国方案。我国利用“两化融合”的发展特色，坚持研发符合中国基础设施标准、中

国联网运营标准以及中国新体系架构汽车产品标准的智能网联汽车。二是信息通信产业发展水平位居世界前列。我国在信息通信等领域拥有一批世界级领军企业，通信设备制造商已进入世界第一阵营，移动通信和互联网运营服务能力位居世界前列，为发展智能网联汽车提供了重要支撑。三是高精度地图技术具有行业领先优势。国内有四维图新、高德和百度等布局自动驾驶高精度地图，ADAS 地图主干网络道路里程持续增加，已实现与第三方基础导航数据在导航及 ADAS 功能上的无缝切换和在线离线无缝对接。四是 V2X 通信技术处于全球领先地位。我国在车载专用通信领域已形成自主知识产权的 C-V2X 通信技术，在 C-V2X 通信技术上处于国际领先水平。

（二）主要短板

1. 产业基础能力薄弱，部分关键核心技术差距较大

主要表现在 4 个方面：一是车规级芯片、车控操作系统、研发工具链严重依赖进口。比如，国产车控操作系统尚未达到车用高等级安全认证，无法用于整车控制、电池、电驱动、增程器等高安全等级的控制器产品。二是部分关键基础材料有待突破。部分先进材料如高性能高镍三元材料、碳硅材料等高度依赖进口；车用高端轴承钢和弹簧钢、特种工程尼龙、阻隔层氟塑料和 AEM 橡胶以及燃料电池用质子交换膜和碳纸等有待突破。三是部分关键零部件的高端核心技术仍受制约。比如，高速电机驱动、燃料电池膜电极及高效辅助系统、动力电池隔膜、全气候热管理等新能源动力技术，以及车载高性能计算平台、线控底盘等智能驾驶技术方面，自主可控能力偏弱。四是基础工艺和制造装备与国外有较大差距。比如，我国在大电流密度绝缘栅双极晶体管（IGBT）芯片设计与工艺技术、高可靠封装工艺与封装材料技术方面仍与国外存在差距。